LES CORPS TERRESTRES

DU MÊME AUTEUR

Ma place au paradis, roman, version brochée Robert Laffont, 2005 ; version numérique les cow-boys & les indies, 2012

Les Corps terrestres, roman, versions brochée et numérique, les cow-boys & les indies, 2012

Le Bois mort, nouvelle, uniquement en version numérique, les cow-boys & les indies, 2012

Léo et l'araignée, récit jeunesse, uniquement en version numérique, les cow-boys & les indies, 2012

Léo et le monstre sans visage, récit jeunesse, uniquement en version numérique, les cow-boys & les indies, 2012

Les Costello, une série mordante, feuilleton littéraire, La Bourdonnaye, 2013

Arthus Bayard et Les Maîtres du temps, « Penicillium notatum », roman, Don Quichotte éditions, 2013

À PARAÎTRE

Le Repentir, roman, Marabooks poche, avril 2014

Arthus Bayard et Les Maîtres du temps, « Neacademia », roman, Don Quichotte éditions, 2014

LES CORPS TERRESTRES
roman

Laurent Bettoni

À celles qui se reconnaîtront.

« Mon amour s'est transformé en flamme,
et cette flamme consume peu à peu
ce qui est terrestre en moi. »
(Novalis)

« C'est une chose très différente que d'aimer
ou que de jouir : la preuve en est qu'on aime
tous les jours sans jouir et qu'on jouit
encore plus souvent sans aimer. »
(Le Marquis de Sade)

« L'amour physique est sans issue. »
(Serge Gainsbourg)

1

*Après tout, si l'on sait tirer quelque enseignement des épreuves
qu'on affronte au cours de son existence, on finit par connaître
la valeur des choses, par savoir avec une lucidité effrayante
ce qu'on perd, par savoir ce qui est grave ou sans importance.*

Si tu fais ça, tu nous mets tous en danger, et je ne le tolérerai pas, me prévient Fran en me menaçant de son index. Solidement campée face à moi, les mains de nouveau sur les hanches, elle me transperce de l'un de ces regards sombres dont elle a le secret, l'un de ces regards qu'elle emploie d'ordinaire pour me tenir à sa merci et me soumettre à sa volonté. Depuis le temps, je devrais y être habitué. Mais je me demande toujours, après une quinzaine d'années, comment des prunelles aussi claires peuvent-elles contenir autant de noirceur.

Je jette un œil sur ses bottes en cuir à talons aiguille, et l'idée de me précipiter dessus pour les couvrir de baisers me passe par la tête. Je m'en garde bien. Il est évident qu'en cet instant précis Fran ne s'amuse pas, que son regard meurtrier ne vise pas particulièrement à m'exciter. Je crois que, là, elle m'engueule pour de bon.

De quel danger parle-t-elle, mon Dieu ? Soyons sérieux. J'ai réfléchi un minimum avant de lui annoncer cette décision qui l'effraie de manière irrationnelle.

C'est à l'enterrement de Lisbeth que j'ai pris mes résolutions. Il y a deux mois.

Quand j'ai tenu entre les mains le faire-part de décès, j'ai mis quelque temps à comprendre de quoi il s'agissait. J'ai regardé avec curiosité l'enveloppe blanche bordée d'un cadre gris et ornée d'une croix du même gris dans le coin supérieur droit. En retenant mon souffle, j'ai finalement décacheté le pli. Je ne m'attendais pas à ce qu'il fût question de Lisbeth. Je ne m'attendais pas à quelqu'un d'à peine plus âgé que moi. À quelqu'un d'aussi jeune pour mourir. Mais je suppose qu'il n'existe pas d'âge idéal.

Il était midi passé, j'étais seul à la maison. Fran était en clientèle. Elle n'avait pas prévu de rentrer déjeuner. Je l'ai appelée pour l'informer de la nouvelle.

— L'enterrement a lieu vendredi, ai-je conclu.

— Écoute, j'ai des rendez-vous importants, ça ne m'arrange pas tellement, tu peux y aller seul ?

— Ravi que la mort de Lisbeth ne « t'arrange pas tellement ». Enfin merde, comment es-tu devenue aussi… déshumanisée ?

Fran accordait-elle encore la moindre valeur à son humanité disparue ? Accordait-elle encore la moindre valeur à mon opinion sur elle ? Elle a soupiré :

— Ce n'est pas le moment. Je suis avec des clients, et nous sommes arrivés au restaurant.

— Fran, il faut que tu viennes vendredi, s'il te plaît.

Du bout des lèvres, elle m'a concédé un d'accord, je peux y aller maintenant ? Puis elle a raccroché sur mon oui.

La mort de Lisbeth m'a plongé dans une tristesse d'ampleur inattendue. Nous n'entretenions pas de liens réellement amicaux avec elle et André. Ils étaient les amis d'un couple d'amis, qui nous les avaient présentés au cours d'un dîner chez eux. André nous était rapidement apparu comme un parfait connard, et ce qu'une femme aussi douce et réservée que Lisbeth fichait avec un homme à ce point différent d'elle nous échappait.

Nous n'avions plus de contact avec eux depuis presque un an, lorsque nous avons reçu le faire-part de décès. C'était Fran qui, la dernière, avait échangé quelques paroles avec Lisbeth. Elle nous avait passé un coup de fil, un week-end, alors que nous recevions des invités pour le déjeuner ; motif qui avait permis à Fran de mettre fin à la conversation presque aussitôt en disant je te rappelle. Qui était-ce ? avais-je demandé. Oh, juste Lisbeth, avait soupiré Fran. Puis elle s'était rendue à la cuisine pour servir sur assiette. Je lui avais emboîté le pas.

— Qu'est-ce qu'elle t'a dit ?

— Elle a une leucémie, avait tranquillement répondu Fran en me tendant une bouteille de bordeaux et un tire-bouchon.

— Et tu lui as raccroché au nez ? (Par-dessus le bar séparant la cuisine de la salle à manger, j'avais souri aux invités, qui n'entendaient pas nos propos à voix feutrée). Lisbeth t'annonce qu'elle a une leucémie, et tu lui réponds « j'ai du monde, je te rappelle » ?

— Tu aurais préféré que je reste trois heures à discuter de ça avec elle et que je vous plante tous ?

— Fran, il y a un juste milieu.

— Écoute, si tu as décidé de gâcher le repas, tu peux toujours emporter un plateau dans ton bureau et passer ton temps au téléphone avec Lisbeth.

Elle était retournée dans la salle à manger, une partie des assiettes en main. J'avais suivi avec le reste et apporté le vin.

Malgré ses promesses, Fran n'avait jamais rappelé Lisbeth. Fais-le, toi, me disait-elle, quand j'insistais auprès d'elle. Fran avait raison, j'aurais pu le faire. J'aurais dû.

À l'église, devant le cercueil de Lisbeth, j'ai longtemps pensé à cet acte manqué. En écoutant le discours d'André adressé à son épouse, devant les trois enfants en larmes, les deux petits dans les bras de la grande, j'ai été sincèrement touché et j'ai pensé que ce con aurait mieux fait de couvrir sa femme d'éloges quand elle était encore de ce monde. Puis j'ai éprouvé la honte terrible de ne plus me souvenir des prénoms des gosses. J'étais là, à donner des leçons aux autres, mais en cet instant précis, l'espèce de salaud que j'avais pu devenir moi aussi au fil des années m'a horrifié. Je n'avais pas fait mieux que tout le monde, il n'y avait pas de quoi pavoiser.

Les paroles d'André m'ont tiré d'une léthargie dans laquelle je m'étais glissé avec volupté comme dans un bain chaud, et dont je n'étais jamais ressorti durant tout ce temps. André prétendait que Lisbeth avait vécu pleinement sa vie, qu'elle était épanouie. Il n'en était rien. Lisbeth avait mené la vie qu'André avait voulu qu'elle mène, nuance. Et une certitude s'est ancrée en moi. Je gâchais ma vie comme Lisbeth avait gâché la sienne. Sauf que, pour moi, il n'était pas trop tard. J'étais toujours vivant. Je n'étais pas encore entre quatre foutues planches, je n'étais pas encore de la chair à asticot. Nom de Dieu, j'étais en vie, et ça ne durerait pas bien longtemps. Alors allais-je poursuivre dans cette voie pour le reste de mon existence ? Allais-je encore m'échiner à faire fructifier des fonds de pension de retraités anglo-saxons ? Allais-je engraisser longtemps encore les actionnaires de l'entreprise pharmaceutique à laquelle j'étais en train de sacrifier ma jeunesse et mon souffle ? Il me semblait plutôt que ma priorité, dorénavant, était que ces vieux enfoirés gavés de fric et de Botox, et dont l'épaisseur du portefeuille s'avérait inversement proportionnelle à la considération qu'ils portaient au reste de l'humanité, cessent de décider à ma place que faire et que penser, sous prétexte qu'ils me versaient chaque mois un salaire plus que confortable. Ma priorité, c'était de ne plus dépendre que de moi, dans la mesure du possible, de ne plus résister à mes élans propres, de tout envoyer valdinguer pour me mettre enfin à faire ce que je voulais : écrire, voir grandir mon fils et consacrer davantage de temps à ma famille. Peut-être même l'agrandir.

Durant la procession de l'église au cimetière, André m'a pris par le bras. Il m'a soufflé je suis si heureux que vous soyez venus, tous les deux, Lisbeth vous adorait. Fran a dit oui, elle était formidable, je l'adorais aussi. André a ajouté, à voix basse, pour moi seul, elle souffrait tellement, vers la fin, que j'ai souhaité sa mort, je peux bien te l'avouer, j'ai souhaité qu'elle meure, et comme ça n'arrivait pas assez vite et qu'elle souffrait de plus en plus, et que personne à l'hôpital ne voulait abréger ses souffrances, je me suis mis à envisager le pire, je me suis dit que peut-être, moi, je pourrais les abréger, ses souffrances, elle me le demandait sans cesse, elle me suppliait, elle avait compris que personne à l'hôpital ne l'aiderait à partir, oh, dis-moi si j'ai eu de mauvaises pensées, qu'est-ce que tu aurais fait, toi, et comment aurais-je pu la tuer, par quel moyen ? André parlait de plus en plus fort, sa voix tremblait, il en perdait le contrôle. Fran s'est éloignée en accélérant le pas imperceptiblement. Quelques têtes se tournaient vers nous. Si tu savais comme j'ai voulu qu'elle meure vite, a repris André, comme j'ai voulu la tuer moi-même, mais non, ça a traîné encore et encore, et puis son cœur a enfin lâché, sous la douleur, tu entends, elle est morte d'avoir eu trop mal, ils ont laissé mourir de douleur ma petite Lisbeth. André a éclaté en sanglots. Il répétait entre deux hoquets ils ont laissé mourir de douleur ma petite Lisbeth.

Les grands-parents ont poussé les enfants vers l'avant du cortège, et je suis demeuré seul avec André, jusqu'à ce qu'il se calme. Jusqu'à ce qu'il n'ait plus de larmes à verser sur mon épaule.

J'avais cru, jusqu'à présent, qu'avec l'âge le cœur s'endurcissait. Je m'étais trompé, en ce qui me concerne. Plus je vieillis, plus je deviens sensible. C'est peut-être normal. Après tout, si l'on sait tirer quelque enseignement des épreuves qu'on affronte au cours de son existence, on finit par connaître la valeur des choses, par savoir avec une lucidité effrayante ce qu'on perd, par savoir ce qui est grave ou sans importance.

*

—Tu veux tout abandonner pour écrire un roman ? résume Fran. Ton poste de directeur de projet, la promotion que tu avais en vue, tes cinq mille euros de fixe par mois, tes primes, ta BM, notre confort de vie… Tu lâches tout ça, tu nous fais courir ce risque à tous pour ta seule petite personne, pour jouer les écrivains ?

— Premièrement, il n'y a plus de promotion en vue. Depuis que ma boîte s'est fait racheter, la nouvelle direction souhaite mon départ, mais ça, tu ne l'admets pas. Deuxièmement, tu sais parfaitement que je ne joue pas. Enfin, ce n'est pas une surprise, je te parle de mon roman depuis très longtemps. Tu m'as dit que c'était une bonne idée.

— Oui, que tu écrives est une bonne idée, mais pas que tu envisages de tout plaquer pour cette lubie. Ça ne te suffit pas, tes chansons, tes maquettes, là, avec Phil et Martin ? Depuis combien de temps, d'ailleurs, présentes-tu tes chansons aux maisons de disques en te faisant systématiquement jeter comme une merde ? Ça ne te sert pas de leçon ? Quinze ans que je te vois ramer. Quinze ans que je te vois espérer je ne sais quel miracle. Tu n'as pas encore compris que tu n'arriverais à rien ?

— Dis donc, elles te plaisaient, au début, mes chansons.

— Ah, oui… au début… tu en es resté au début, toi. Je te signale que nous n'avons plus vingt ans, que depuis le début il s'est écoulé du temps, que nous devons payer les traites d'une maison et les émoluments d'une femme de ménage, élever un enfant, mener une vie décente, au moins pour lui, et que tout ça coûte de l'argent. Tu n'oublies pas non plus, je suppose, que nous projetons d'acheter un appartement à la montagne. Est-ce qu'on va payer avec les royalties de tes chansons ou de ton roman ?

Fran s'assied dans le canapé, se relève aussitôt pour aller chercher son paquet de cigarettes posé sur le bar, en allume une et aspire une grande bouffée. Je m'approche d'elle et prends ma voix la plus douce.

— Je comprends que tu sois inquiète, mais fais-moi un peu confiance. Fran, ça fait quinze ans qu'on vit ensemble, tu sais quand même que j'ai toujours eu le sens des responsabilités. Je n'agis pas sur un coup de tête et, contrairement à ce que tu crains, je ne ferai courir de risques à personne, nous n'irons pas dormir sous les ponts. Voici comment je vois les choses. La direction souhaite mon départ ? Très bien, je négocie mon licenciement pour pouvoir toucher mon chômage, qui équivaut tout de même à un peu plus de ton salaire ; ce n'est pas rien, à nous deux réunis. Je ne vais pas passer le temps que ça dure à attendre le déluge, évidemment. J'ai discuté avec Kate, je lui ai dit que je cherchais un job qui me permette de bosser de la maison ou de gérer mon temps plus facilement pour pouvoir écrire. Elle s'est renseignée auprès des auteurs et des éditeurs qu'elle rencontre dans sa librairie. Eh bien, il existe un truc, figure-toi, un truc qui me plairait vraiment : correcteur. Et il y a une école qui forme à ce métier. La formation dure six mois…

— Correcteur ? m'interrompt Fran.

— Oui. Ça consiste à corriger des textes avant leur parution en édition ou en presse. Corriger l'orthographe, la grammaire, la syntaxe, réécrire parfois.

— C'est bien payé ?

— Euh, non, je ne crois pas. Pas au sens où tu l'entends. Mais si on ajoute ça à ton salaire, nous ne crèverons pas de faim.

Fran se dandine sur place en tirant nerveusement sur sa cigarette.

— Putain, tu vas retourner à l'école pour apprendre à faire des zéro-faute aux dictées ? C'est un métier, ça ?

— J'aimerais tenter ma chance, Fran. Je ne veux pas traîner ce regret jusqu'à ma mort. Je ne veux pas suivre l'exemple de Lisbeth et André.

— Quel rapport avec eux ?

— La vie est trop courte pour passer à côté de l'essentiel. Et pour moi, l'essentiel, c'est Nino et toi, c'est l'écriture. Aucun salaire ne justifie que je passe à côté de ça. J'en ai marre de mon boulot de cinglé. J'en ai marre d'être hors de la maison du lundi au vendredi. Je n'ai jamais aimé ce boulot, tu le sais. Je l'ai fait pour que nous parvenions à un certain confort matériel, parce que c'était important pour toi. Maintenant que nous y sommes, j'ai envie de me poser un peu, j'ai envie de rester auprès de vous. Toi tu te jettes à corps perdu dans ton job, je respecte ce choix. Respecte le mien. Et puis il faut bien que quelqu'un s'occupe un peu de Nino. Je suis d'accord pour rester à la maison. Tu apprécieras quand on fera le second, crois-moi.

Fran me retourne un sourire méprisant.

— Le second ? Tu penses sérieusement que je vais faire un autre enfant avec un chômeur, alors que je suis en train de regretter de lui en avoir fait un premier ? Et qu'est-ce que je vais raconter aux gens, quand ils me demanderont ce qui nous arrive ? Je leur répondrai mon mari est chômeur ? Mais j'en mourrai de honte, tu n'as pas le droit de m'imposer ça, tu n'as pas le droit de nous humilier de la sorte, Nino et moi. Et tu oses parler d'un second enfant ? Tu es vraiment devenu inconscient.

— Comment peux-tu me balancer de telles horreurs ? Les gens, les gens… qu'est-ce qu'ils viennent faire là-dedans ? Tu n'existes qu'à travers le regard des autres, c'est ça ?

Elle écrase son mégot en silence. Puis elle détache ses yeux du cendrier pour les river aux miens.

— C'est simple, Katz, tu changes d'avis ou tu dégages de chez moi.

— De chez toi ? Par quel miracle « chez nous » est-il devenu « chez toi » ?

— Tu as toujours détesté la maison, tu peux bien me la laisser en partant.

— En partant ? Qu'est-ce que tu racontes ?

Je ne me souvenais que trop bien de la manière dont nous avions acquis notre maison et je n'avais jamais réussi à m'en réjouir.

À cette époque, nous cherchions à déménager depuis pas mal de temps déjà et nous désespérions de trouver quelque chose. La crise du logement avait commencé à battre son plein, les prix grimpaient scandaleusement. Puis Fran avait été mise au courant, par un notaire de sa connaissance, d'une vente aux enchères. Une triste histoire de divorce qui tournait mal, un couple pris à la gorge financièrement, dans l'obligation de brader pour disposer de liquidités rapidement. Le malheur des uns fait le bonheur des autres, avait argumenté Fran devant mes réticences à tirer bénéfice d'une telle situation. Nous leur rendons service, avait-elle ajouté, et si ça ne nous profite pas à nous, ça profitera à d'autres, de toute façon.

Comme il n'est pas désagréable de péter dans la soie, j'avais fini par céder et par renier mes principes, une fois de plus. Voilà comment nous nous étions retrouvés propriétaires, pour un montant très inférieur à sa valeur réelle, d'un pavillon avec jardin, en pleine ville, suscitant l'émerveillement et l'envie de nos proches. Dégoter un tel bien immobilier, aussi merveilleusement situé, à proximité du métro et de toutes les commodités, pour un prix aussi bas – nous nous endettions quand même sur vingt ans –, relevait du miracle. Quand on nous demandait « comment avez-vous fait ? », je répondais « il suffit de ne pas s'encombrer avec sa conscience », ce qui entretenait la curiosité. Alors Fran expliquait la manœuvre, et on admirait généralement son sens des affaires en raillant ma sensiblerie.

Certes, j'aime moins cette maison qu'elle, elle a été seule à la choisir, et elle n'est aménagée qu'à son goût. Elle est froide comme la mort, il y a du marbre du sol au plafond, elle est d'une blancheur clinique. On la croirait inhabitée, on croirait un musée. Fran interdit à Nino d'y jouer pour éviter le bordel. Oui, cette maison est à son image, mais il n'empêche que j'en ai payé la moitié, pour son seul plaisir. Qu'elle le veuille ou non. Et je n'ai absolument pas l'intention de partir.

— Je ne te demande pas ton avis, me lance Fran. Je te dis que tu pars, point.

Elle allume une autre cigarette et tranche, en recrachant la fumée :

— Je ne vais pas perdre plus de temps. Prenons rendez-vous chez le notaire et voyons si maman a de quoi racheter ta part.

— Tu vas demander à ta mère de racheter ma part de la maison ? Si elle accepte, elle exigera de venir habiter ici, elle n'attend que ça. Et tu ne la supportes pas.

— Ça me va encore mieux que de continuer avec toi.

2

Je savais que ma réponse était celle qu'elle espérait, j'étais ravi de la voir si heureuse. Mais quand elle m'a déclaré dans ce cas, je te promets qu'on va bien s'amuser, je me suis immédiatement douté qu'elle s'amuserait plus que moi et qu'elle nous entraînerait peut-être au-delà des limites.

Il ne s'écoule pas une semaine entre notre visite chez le notaire et le jour où je reçois le recommandé de mon licenciement.

— Que comptes-tu faire ? m'interroge Fran.

— Comment ça, ce que je compte faire ? Tu le sais très bien, je vais écrire mon roman et suivre cette formation de correcteur.

Et puis un homme que je ne connais pas, un investisseur milanais dont je n'ai jamais entendu parler, me téléphone et me propose la direction générale d'une entreprise qu'il souhaite créer, concurrente de celle qui vient de se séparer de moi. Il me déclare j'ai appris votre infortune, et ça m'arrange, le malheur des uns fait le bonheur des autres, hein (il s'entendrait bien avec Fran), j'ai absolument besoin de vous, quelles sont vos conditions ? Afin de le démotiver, j'exige tout et n'importe quoi : une maison au bord de la mer avec piscine, des stock-options, un *golden* parachute, une super bagnole. Il accepte et ajoute qu'il paiera aussi mon déménagement ainsi que l'école privée pour mon fils. Il me fixe rendez-vous au lendemain avant de raccrocher.

Fran, qui a suivi la conversation, après avoir mis le haut-parleur, ne se contient plus. Elle se jette à mon cou, me répète j'en étais sûre, j'en étais sûre, tu ne pouvais pas finir comme ça, j'étais sûre que la concurrence te chasserait. Tu te rends compte ? Tu te rends compte ? Directeur général à ton âge, sans rien devoir à personne… Je préviens maman, je préviens les copines – la gueule qu'elles vont tirer –, je préviens tout le monde et on fête ça ici, je prévois un grand barbecue, on invite tout le monde… Enfin, tes parents peut-être à part, un autre jour, ce n'est pas pour te vexer, mais, tu comprends ?… Pour la piscine, l'eau de mer, c'est mieux, non ? Et si tu demandais une piscine à vagues ? Et pour la voiture, j'ai une idée (elle a subitement oublié le rendez-vous chez le notaire).

Je la saisis doucement par les épaules. Fran, écoute-moi, je dirai à cet homme, demain, que sa proposition ne m'intéresse pas et je lui conseillerai probablement quelqu'un d'autre si un nom me vient à l'esprit d'ici là. Elle bloque sa respiration et me dévisage, incrédule. Puis, dans une grimace, elle lâche tu me dégoûtes. Elle hurle cette phrase, maintenant, en tapant du pied. Tu me dégoûtes, tu me dégoûtes, tu me dégoûtes (elle se souvient subitement du rendez-vous chez le notaire). Elle fond en larmes, tout en continuant de crier. Nino sort de sa chambre et dévale les escaliers pour nous rejoindre. Tu vois comme papa est méchant avec moi, lui dit sa mère entre deux sanglots, tu vois comme il me fait pleurer. Le petit se précipite dans ses bras et pleure avec elle. Je veux le prendre, mais elle me l'arrache des mains en m'interdisant de les toucher, elle et lui.

Lorsqu'elle est calmée, je lui dis laisse-moi le temps

de m'organiser, de trouver un logement, de voir si tout se passe bien avec le versement de mes allocations, ensuite on fera venir un agent immobilier pour l'estimation de la maison quand tu voudras. Elle me répond tu es le père de mon enfant, c'est pour cette seule raison que je t'accorde le temps de te retourner, uniquement par égard pour lui.

À quel moment de notre histoire le cœur de Fran s'est-il transformé en glace ? À quel moment est-elle morte à l'intérieur ?

Ma très grande faute, sans doute, est d'avoir loupé cet instant. Ou d'avoir laissé la mutation s'opérer sans réagir, en refusant de croire au processus alchimique auquel j'assistais. Peut-être ai-je été lâche, paresseux. Peut-être aurais-je dû quitter Fran, il y a déjà longtemps. Mais j'ai pensé à Nino, à notre passé, à nos projets, à toute notre vie ensemble. Et à notre confort. Je l'avoue, j'ai aussi cédé au confort. J'ai cru pouvoir continuer auprès de Fran sans amour mais avec tout le reste, alors qu'en vérité j'aurais pu me passer du reste mais pas d'amour. C'est exactement le contraire pour Fran. En dépit des apparences, que nous nous sommes acharnés à préserver, nous sommes devenus le parfait opposé l'un de l'autre.

*

Pour les apparences encore – pour protéger Nino, prétend Fran –, nous dormons toujours tous deux dans le même lit.

Mes nuits sont étranges, d'une incroyable tristesse, à écouter ce corps ronflant et bruyant qui me fait subitement horreur ; le corps de Fran, que j'ai follement aimé, que j'ai adoré, même. Un corps que d'autres adorent, je le sais bien, je les observe dans leur ronde pitoyable autour de Fran. Un corps dont d'autres m'envient d'avoir la jouissance, littéralement. À commencer par Gérald, son partenaire de tennis. On peut dire qu'il danse, celui-là – piètre pantin qui a l'âge d'être son père –, au bout des fils qu'elle manipule. Il vient jusque chez moi se ridiculiser à lui quémander un peu de sa présence vitale. La mienne le gêne, mais il compose avec, entre deux regards haineux à mon attention. Il vient prendre le café, le thé, apporte des petits gâteaux pour le goûter, des fleurs, des plantes pour le jardin, téléphone à longueur de journée pour entendre la voix de Fran. Son épouse n'apprécie guère, il le confie à Fran, qui me le confie à son tour, amusée. Mais lorsque nous dînons chez eux, rien ne transparaît de ces tensions. Les apparences, toujours.

Tout cela a débuté quelques années en arrière. Nous organisions une fête, ce soir-là, un apéritif dînatoire avec musique, herbe et alcool à volonté. Nous commencions à gagner correctement notre vie, Fran tenait à répandre la nouvelle et s'en donnait les moyens.

À l'aube, nous restions une petite dizaine à trinquer au champagne. La plupart étaient assis dans le canapé, Fran s'est installée en face, sur une chaise. J'ai assez vite remarqué qu'en raison de sa position surélevée tout le monde avait vue sur son entrejambe, trop peu dissimulé par sa jupe courte. Les hommes avaient du mal à se concentrer sur autre chose. Même Fanny, qui ne se cachait pas de faire feu de tout bois en matière de sexe, m'a lancé à un moment un regard amusé en me montrant le bout de sa langue. Depuis que nous la connaissions, elle nous avait toujours dit qu'un plan à trois, avec Fran et moi, ne lui déplairait pas. En repartant, elle m'a soufflé à l'oreille le spectacle était génial, mais c'est malin, je suis seule en ce moment, je vais encore finir en tête-à-tête avec mon vibro, vous ne voulez pas me garder, juste pour aujourd'hui ? Je lui ai répondu allez, file, et fais attention sur la route, tu m'as l'air déjà bien partie.

Lorsque Fran et moi nous sommes retrouvés seuls dans le salon en désordre, nous avons décidé que le rangement pourrait attendre. Nous sommes montés dans la chambre, tandis que les oiseaux commençaient à gazouiller. Ils ne vont pas commencer à m'emmerder ceux-là, a râlé Fran. Puis nous nous sommes laissé tomber sur le rebord du lit, assis côte à côte, et Fran a posé sa tête sur mon épaule en m'empoignant le sexe à travers mon jean, comme un bébé s'emparant de son doudou. J'ai dit :

— Tout le monde a maté ta petite culotte.

— Qu'est-ce que tu racontes ?

— Quand nous avons fini au champagne, dans le canapé, et que tu t'es assise en face, sur la chaise, tout le monde avait les yeux rivés sur ta culotte. Tous les mecs, en tout cas. Et Fanny aussi, bien sûr. Elle est repartie excitée comme une puce.

— Ah…

Je ne parvenais pas à définir si Fran se foutait éperdument de mes propos ou si elle commençait à s'endormir. Elle a mis quelque temps à me répondre :

— Hé, mais tu bandes.

— Euh, oui, bien observé.

— Non, attends, tu es en train de bander dans ma

main tout en m'expliquant que des hommes ont regardé sous ma jupe… Ça t'a excité ?

— Tu me malaxes juste les couilles depuis cinq minutes, alors je crois que j'ai une réaction normale. Et toi, ça t'excite ?

— Ah, non, on parle de toi, là, pas de moi. Je t'ai demandé en premier.

— S'il te plaît, Fran, je suis crevé…

— Crevé, mon œil. Avec ce que tu te trimballes entre les jambes, tu n'es pas près de t'endormir.

Elle a resserré son étreinte autour de mon sexe. J'ai craint que les rivets de ma braguette ne volent en éclats.

— Regarde-moi dans les yeux, a-t-elle dit sur un ton légèrement raffermi. Est-ce que ça t'a plu que d'autres hommes regardent sous ma jupe ?

Dans le petit matin encore hésitant, les oiseaux s'étaient mis à siffler comme des malades, et j'ai pensé que leurs trilles n'annonçaient rien de bon. Une petite voix intérieure m'alertait que ma réponse serait lourde de conséquences, que bientôt l'aube céderait la place à un jour nouveau. Nouveau à bien des égards.

— Alors ? s'est gentiment impatientée Fran, toujours plantée au fond de mes yeux. Ça t'a excité ?

Je me suis à peine entendu répondre oui.

— Oui ? a-t-elle repris.

— Oui.

Je savais que ma réponse était celle qu'elle espérait, j'étais ravi de la voir si heureuse. Mais quand elle m'a déclaré dans ce cas, je te promets qu'on va bien s'amuser, je me suis immédiatement douté qu'elle s'amuserait plus que moi et qu'elle nous entraînerait peut-être au-delà des limites.

Le samedi suivant, nous nous sommes lancés à l'assaut des magasins de chaussures. Fran m'avait promis, dans un petit sourire en coin, que nous joindrions l'utile à l'agréable.

Elle avait de nouveau enfilé une jupe courte, sous laquelle elle portait une paire de Dim Up, mais pas de culotte. Son chemisier suffisamment transparent laissait voir sa poitrine, qu'elle n'avait pas jugé utile d'emprisonner dans un soutien-gorge. Elle avait fermé une veste de tailleur par-dessus. Puis elle avait chaussé des escarpins.

Dans la première boutique, elle a happé un jeune vendeur. Elle s'est assise pour un essayage, et il s'est accroupi face à elle pour l'aider de son chausse-pied. Alors Fran a levé et écarté les jambes plus que nécessaire. Nous étions convenus, elle et moi, que je resterais en retrait, toujours dans son champ de vision à elle, en observateur, tout en feignant de ne m'apercevoir de rien.

Le type se rinçait l'œil. Il a bredouillé j'aimerais vous faire essayer d'autres modèles. Sans attendre la réponse, il s'est rendu en réserve et a rapporté une quantité impressionnante de cartons.

À la troisième paire, Fran a déboutonné sa veste. Ses seins, offerts à la vue du vendeur, pointaient et tendaient l'étoffe du chemisier. Fran était excitée, elle se déhanchait légèrement sur son tabouret. Le vendeur s'est raclé la gorge. Alors Fran a étiré une de ses jambes, et son pied gainé de soie s'est posé sur le sexe du type. Elle a bougé ses orteils, le type s'est discrètement rapproché. Fran l'a fixé droit dans les yeux avant d'appuyer et de frotter sa plante de pied.

Elle a finalement jeté son dévolu sur une paire de

bottes en cuir noires à talons aiguille. En se levant de son tabouret, elle a indiqué au vendeur la marque humide qu'elle avait laissée sur le velours. Il s'est absenté et il est revenu avec quelques feuilles d'essuie-tout roulées en boule dans le creux de sa main. Puis nous sommes passés à la caisse, où il nous a consenti une remise défiant toute concurrence.

En quittant le magasin, nous sommes allés déposer nos achats dans la voiture. Fran a enfoui une main sous sa jupe et m'a dit, en ressortant ses doigts, regarde comme je suis trempée. Elle m'a donné son index à lécher. Viens, a-t-elle ajouté en souriant, j'ai envie d'allumer tous les marchands de tous les magasins de chaussures de cette ville. Puis elle a fourré sa langue dans ma bouche et m'a soufflé oh, bébé, dis-moi que ça te fait bander quand je suis une salope…

De retour à la maison, elle a enfilé ses bottes après s'être totalement déshabillée. Après quoi elle s'est tenue debout au milieu de la chambre et m'a demandé de m'agenouiller entre ses jambes écartées pour y faire courir ma langue. Elle a eu un orgasme tonitruant. Je lui ai pris les mains pour la faire s'agenouiller à son tour et s'occuper de moi, toujours sur ma faim. Mais elle a résisté, s'est libérée et m'a intimé l'ordre de rester à genoux. Caresse-toi devant moi, dans cette position, a-t-elle ajouté, fais-toi jouir comme ça. Elle s'est assise sur le lit, a allumé une cigarette. Son regard s'est durci, puis elle a aspiré une bouffée.

— Tu voudrais me toucher, hein ? a-t-elle demandé en recrachant la fumée. Tu voudrais que je te touche aussi ?

— Oui.

— Caresse-toi en me parlant… Oui, comme ça,

c'est bien, continue. Alors, dis-moi, qu'aimerais-tu que je te fasse ?

— Que tu me prennes dans ta bouche, tout en me décalottant avec ta main.

— Hmmm… ce serait bon pour toi. Mais je ne te toucherai pas. Je pense à l'autre, au vendeur. Je l'ai bien senti sous mon pied, tu sais, j'ai bien senti sa queue durcir sous mon pied. Je suppose que tu aurais voulu être à sa place ?

Je me suis rapproché d'elle, elle m'a repoussé avec la pointe de sa botte. Elle a dit :

— Tu ne me toucheras pas, Katz. Caresse-toi devant moi et c'est tout. Reste à genoux. Je sais que tu aurais voulu être à la place de ce type, mais c'est lui que j'ai branlé. Et toi, maintenant, tu te branles à genoux devant moi. Tu aimes ça ?

— Oui.

— Bien… Tu trouves que je suis une salope ?

— Fran, je…

— Réponds. Tu trouves que je suis une salope ?

— Oui.

— Je ne t'ai pas entendu le dire. Dis-le-moi.

— Écoute, Fran…

— Dis-le-moi.

— Tu es une salope.

— Oui… et j'adore ça. Répète-moi que je suis une salope quand tu éjaculeras sur mes bottes.

Bientôt, tous les hommes de notre entourage ont pu découvrir l'anatomie la plus intime de Fran, qui se débrouillait toujours pour la leur dévoiler à l'insu de leur compagne. Si certains couples ont coupé les ponts avec nous, d'autres nous ont fréquentés davantage. Et certains hommes de ces couples se sont mis à téléphoner à Fran régulièrement sur son portable, dans la journée. Chaque fois que ça se produisait en ma présence, lorsque nous étions tous les deux chez nous, elle leur mentait, elle leur assurait qu'elle était seule. Puis elle me faisait écouter leurs discussions, en m'ordonnant de me caresser, de la lécher ou encore de la prendre.

Un midi, nous étions convenus de faire une coupure dans notre journée et de déjeuner à la maison avant de retourner chacun en clientèle. Fran est arrivée avec Fanny. J'ai servi un apéritif et sorti des amuse-gueule. Nous picorions des pickles quand Fran m'a embrassé dans le cou. Fanny a rigolé en me voyant me tortiller sous l'effet des chatouilles. Non, mais regarde-moi l'asticot, lui a lancé Fran. Puis elle a recommencé, en serrant cette fois mon sexe à pleine main. J'ai protesté :

— Hé, Fran.

— Quoi, Fran ? Laisse-toi aller. C'est Fanny qui te gêne ? Tu ne me feras pas croire ça.

— Ouais, quelle chochotte, a soupiré Fanny.

— Oh, je sens que ça bouge, a triomphé Fran. Dans ma main… ça se réveille… ça gonfle… ça grossit. Montre-nous ça, Katz. Fais-nous voir. Tu veux voir ça, Fanny ?

— Tu m'étonnes.

Fran agitait sa langue dans mon cou en déboutonnant mon pantalon. Puis elle a voulu que je me lève du canapé. Ensuite, elle a baissé mon boxer et m'a branlé sous les yeux de Fanny qui n'en pouvait plus, mais qui avait interdiction de participer.

— Tu es vraiment trop dure, Fran, a-t-elle protesté.

— Non, c'est lui qui est dur (d'un geste du menton,

elle a montré ma queue). Mais il est à moi et rien qu'à moi. Elle n'est pas née, celle qui posera la main sur lui.

— Alors laisse-moi au moins me caresser.

— Non, Fanny, tu regardes et c'est tout.

— Salope, a miaulé Fanny.

— Oui, je sais, merci.

— Laisse-la me caresser avec toi, ai-je demandé à Fran.

— Toi, tu m'obéis, a-t-elle répliqué en me serrant dans sa main jusqu'à m'arracher un cri. Compris ?

— Oui, oui, compris.

— Bien, nous sommes d'accord.

Elle a demandé à Fanny d'enlever sa culotte et, pendant que celle-ci s'exécutait, m'a lâché en m'ordonnant de me finir tout seul devant elles. Elle s'est assise à côté de notre amie pour caresser son clitoris, en petits mouvements circulaires. Elle nous a lancé, tandis que je me décalottais, debout, sous leurs yeux :

— Eh bien, on peut dire que je fais de vous ce que je veux, non ?

— Oui, a gémi Fanny. Mets-moi un doigt… mets-moi un doigt (elle se tordait comme un animal harponné).

Fran lui a glissé un doigt en me regardant sévèrement. Fanny a commencé à soupirer bruyamment.

— Tu es ma petite pute ? lui a demandé Fran.

— Oui. Oui…

— O.K., alors tiens.

Elle a glissé un second doigt, et Fanny s'est mise à gueuler franchement.

— J'ai deux petites putes à moi, a conclu Fran.

Vous allez jouir tous les deux en même temps, quand je vous y autoriserai.

J'ai attendu de me retrouver seul avec elle, plus tard dans la journée, pour lui demander si elle était bi, ce qui n'avait jamais transparu jusqu'à présent, depuis que je la connaissais. Elle a éclaté de rire et a répondu, avec un brin de dégoût dans la voix, qu'elle n'était pas gouine.

— Non, bi, ai-je répété. Tu as bien tripoté Fanny, non ? Moi, par exemple, je ne pourrais jamais toucher un mec.

— Tu ne perds pas grand-chose.

Je l'ai dévisagée pour m'assurer qu'elle plaisantait. Je n'en ai été certain à aucun moment. Même lorsqu'elle a redoublé de rire en me disant :

— Si tu voyais ta tête. Qu'est-ce que ça peut faire que je sois bi, ou gouine, ou hétéro ? Je te demande si tu es pédé ? Qu'est-ce que tu te mets en tête, hein ? Qu'est-ce que tu vas imaginer ? Ça t'a plu, avec Fanny ? Oui ? C'est l'essentiel. Ne t'inquiète pas du reste, je suis une grande fille, je sais ce que je fais. Et qui je suis. Sexuellement, je veux dire.

— Je te le souhaite. Du fond du cœur, je te le souhaite. Pour ton propre bonheur.

Elle m'a reproché de subitement devenir chiant et d'avoir le cul triste. Puis elle a changé de sujet, et nous n'en avons plus jamais reparlé.

Quelque temps après notre emménagement dans notre nouvelle maison, Fran s'est rendue à un dîner professionnel. Tard dans la soirée, le téléphone a sonné. C'était Fanny, passablement éméchée.

— Salut, Katz.

— Salut, ma belle, vous avez picolé, hein ? Fran est

avec toi ?

— Plus maintenant, non. C'est elle qui m'a demandé de t'appeler, en fait.

— Mon Dieu, il lui est arrivé quelque chose ? Vous avez eu un accident ?

— Nooon… rassure-toi, beau gosse. Elle m'a simplement chargée d'un message pour toi…

— Accouche, merde, je te jure que tu me fais flipper.

— Hé, cool… Il ne lui est rien arrivé, je te dis. Elle est juste partie avec un mec pour la nuit, c'est tout.

— Quoi ?

Fanny a pris une profonde inspiration, entrecoupée d'un petit hoquet. Puis elle a répété :

— Elle est partie avec un mec pour la nuit.

— Mais… quel mec ?

— Oh, euh… un client qui lui tournait autour. Elle m'a dit qu'elle avait envie de se le taper. Et puis elle m'a dit préviens Katz, ça va l'exciter à mort. Mais ce n'est pas tout. Elle souhaiterait que tu ne dormes que d'un œil jusqu'à son retour et que tu viennes l'accueillir quand tu l'entendras tourner la clé dans la serrure. Elle te veut à poil et euh… au garde-à-vous, tu comprends ce que je veux dire ?

Fran est rentrée au petit matin. Je l'ai accueillie selon ses directives. Elle a regardé mon sexe avec attention. Dans un sourire fatigué mais triomphant, elle a déclaré c'est bien, tu es beau, j'adore te voir bander pour moi… j'ai quelque chose pour toi. Elle a retroussé sa jupe, sous laquelle elle ne portait rien. Elle a expliqué, en haussant les épaules, il a tenu à garder ma culotte. Elle a écarté les jambes et m'a dit viens, sens… tu sens que j'ai joui ? Agenouillé devant elle, j'ai hoché la tête. Elle a ajouté passe ta langue doucement, tout doucement, c'est encore un peu sensible. Elle m'a relevé. Ma queue pointait comme un radar. Elle l'a saisie et m'a tiré à sa suite dans l'escalier. Elle nous a conduits dans la salle de bains, où elle a refermé la porte sans bruit pour ne pas réveiller Nino, qui dormait à l'étage. Elle a fait couler l'eau, réglé la température et grimpé dans la baignoire. Puis elle m'a demandé de prendre un gant et le savon.

— J'aimerais que tu me laves, s'il te plaît. Tu veux que je te raconte ?

— Oui.

Elle a caressé ma joue et a soupiré :

— Pourquoi nos rapports sont-ils si différents, en dehors de la baise ?

— Comment ça ?

— Tu m'écrases tellement, dans la vie…

— Mais… le sexe est un jeu. Et pour le reste, je ne t'écrase pas, arrête avec ça.

— Le pire, c'est que tu ne t'en rends même pas compte. Tu ne comprends pas que j'ai souvent le sentiment de passer pour une pauvre conne, à tes yeux. J'ai l'impression de te faire honte, je ne sais pas… de te décevoir. J'ai l'impression que tu attends des choses de ma part, et que je ne me hisse jamais à ton niveau. Tu es d'une telle exigence…

— Écoute, je t'aime. Alors j'attends peut-être beaucoup de toi, mais ce n'est pas pour t'embêter.

— J'ai toujours le sentiment de subir un examen de passage. Et quand je le rate, il arrive qu'un seul de tes regards m'anéantisse, Katz.

Je ne voyais pas de quoi elle se plaignait. Avec le temps, notre vision de la vie et nos goûts étaient devenus très différents, voire diamétralement opposés, mais finalement nous options toujours en faveur de ses choix à elle. Depuis que nous vivions ensemble, j'avais dû renoncer à peu près à tout ce qui m'importait. Mais elle se prétendait trop fatiguée, à cette heure presque matinale, pour en discuter ; elle avait besoin de dormir. Nous sommes allés nous coucher sur cette conversation avortée. À mon sens, Fran esquivait toujours les sujets épineux, et quand j'abordais ce sujet avec elle, il devenait épineux à son tour.

Au lit, elle s'est blottie contre moi et a entrepris de me masturber. Je ne vais quand même pas te laisser dans cet état, a-t-elle murmuré, et puis j'ai envie de te raconter comment je me suis fait baiser, en te branlant doucement, comme ça… tu veux ?

*

Une nuit, un mois après notre passage devant le notaire, et alors que tout est bel et bien au point mort entre nous, même si nous partageons encore le même lit pour faire illusion auprès de Nino, Fran se rapproche de moi sous la couette. Sa main glacée qui serpente le long de ma cuisse me pétrifie. Je lui dis Fran… Elle répond tais-toi, j'ai envie. Je la connais bien, en ces instants qui précèdent de peu ses règles. J'ai appris à interpréter cette attitude.

Alors pour en finir au plus vite, je la retourne sur le ventre, lui lève le bassin, lui écarte les fesses et, avec toute l'horreur que ça m'inspire, dans l'état d'esprit où je me trouve, lui lèche le cul un bon bout de temps. Quand elle n'en peut plus, j'enfonce un doigt, un autre dans sa chatte, et je la branle vigoureusement en la traitant de salope, en lui demandant d'imaginer que plusieurs hommes la baisent en même temps. Elle gémit oui, oui, continue. Je continue. Elle me supplie d'aller chercher des trucs dans le frigo. Je descends quatre à quatre à la cuisine, attrape rapidement des carottes, des courgettes – même une aubergine, dans la précipitation – et des bananes. Je n'oublie pas les sacs congélation qui serviront de protection. Je remonte dans la chambre. Fran se tient à genou sur le lit, les fesses en l'air, se triturant le clitoris. Elle me dit dépêche-toi. J'enfile une courgette dans un sac congélation et la lui donne. Elle la fait aussitôt coulisser dans son vagin. Je procède de même avec une carotte, que je lui enfonce derrière, tout en la remuant. Et voilà son cul transformé en potager. Elle jouit en un temps record, dans des hurlements effrayants, puis fond en larmes. Par miracle, le sommeil de Nino résiste à cette débauche de décibels.

J'attends que tout rentre dans l'ordre. Et tout rentre dans l'ordre. Fran se rendort. Le visage tourné dans ma direction, elle respire bruyamment en exhalant dans mes narines une haleine empuantie par le tabac froid. Sa chimie interne m'est parfaitement familière ; sous peu, elle ronflera franchement, et au comble de la décontraction, j'aurai droit à une cacophonie de bruits organiques. Mon Dieu, de quelle manière ce qui ne me dérangeait pas hier encore m'amène-t-il aujourd'hui au bord du vomissement ?

Oh, Fran, ta seule présence me porte au cœur, et tout contact physique avec toi me répugne. Depuis trop longtemps, tu m'embrasses mal, tu me caresses mal, tu me branles mal, tu me suces mal, tu me baises mal. Parce que tu ne penses qu'à toi, qu'à ton plaisir égoïste, parce que tu n'es pas généreuse, parce que tu n'es pas aimante, parce que tu n'y mets aucun sentiment. Tu as oublié comment réagissait mon corps, tu ne te préoccupes plus de ses paroles, tu te bornes à lui proférer les tiennes et à lui imposer ton langage. Je n'aurais jamais cru que ça se produirait un jour, mais ton ventre est devenu le tombeau de mon désir. Ainsi qu'il est devenu le tombeau de nos enfants. J'ai compris depuis longtemps que tu m'as menti aussi là-dessus. Je ne suis pas un ventre, ne cesses-tu de me répéter, je ne suis pas bonne qu'à pondre ta progéniture. C'est vrai, Fran, tu n'es pas qu'un ventre. Mais tu n'es même pas ça, tu n'es même pas ça non plus. Tu n'es même pas un ventre. Je n'ai même pas eu cette compensation.

Je ne t'aime plus, Fran. Pire, je te déteste. Pas à cause de tes mensonges, pas à cause de ta méchanceté, pas à cause de ta froideur, pas à cause de tout le reste, pas à cause de la trop longue liste. Simplement, je te déteste de m'avoir fait te détester, toi que j'ai aimée plus que tout au monde.

Le lendemain, vers onze heures, Fran descend avaler le thé que je lui ai préparé. Avant même de me dire bonjour, elle lâche ça y est, j'ai mes règles. Elle s'assied et plonge le nez dans son mug. Je lui dis je vais chercher Nino dans une demi-heure, tu manges avec nous ? Elle fait non de la tête en aspirant une gorgée. Puis elle déclare :

— Je joue au tennis avec Gérald, ce midi. Et ensuite, je vois Adrienne.

— Ça ferait tellement plaisir au petit, il ne t'a pas vue depuis hier matin…

— Et ce qui me ferait plaisir à moi ne compte pas ? Je dois tirer un trait sur mes activités, sous prétexte que j'ai un enfant ? Je dois abandonner mon travail, sous prétexte que j'ai un enfant ? Je dois jouer les petites boniches au foyer, sous prétexte que j'ai un enfant ?

— Fran, je n'ai jamais dit…

— Écoute, Nino me verra ce soir, il n'en mourra pas. J'ai vraiment envie de cette partie avec Gérald, j'ai vraiment envie de le voir ramper devant moi, ce vieux clown. Tu connais sa dernière lubie ? Il se damnerait pour renifler ma chatte après une heure de sport. Il prétend que cette odeur de transpiration et de sexe mélangée le rend fou. La dernière fois, il y a risqué sa langue, je lui ai retourné une claque, et il en a redemandé. Pour finir, il m'a déchaussé et a léché mes pieds en sueur. Un vrai dégueulasse. Je serais curieuse de voir jusqu'où je peux le rabaisser.

Elle prend son mug, se lève et vient se poser sur mes genoux. Je ne m'attends pas à ce geste affectueux de la part d'une femme qui souhaite mon départ de la maison dès que possible. Elle avoue, presque à regret, *mais il n'y a que toi qui saches me baiser, Katz… il n'y a que toi qui me baises aussi bien, c'est incroyable, j'ai cru mourir cette nuit, je n'éprouve ça avec personne, tu m'as toujours donné des orgasmes d'une telle puissance… depuis le début, depuis la fac, tu te souviens ?* Je me contente d'un assentiment muet.

Une idée me traverse subitement l'esprit, que je chasse aussitôt, qui revient cependant à la charge. Ce n'est pas très glorieux, mais je me mets à croire sérieusement que si je continue à fournir sa dose de plaisir sexuel à Fran, je gagnerai du temps. Un temps précieux et nécessaire à l'écriture de mon roman ainsi qu'à ma formation de correcteur. À condition de réussir l'examen d'entrée.

J'ai eu quelqu'un de l'école en ligne, une certaine Roselyne. Elle m'a fixé une date pour les épreuves écrites et m'a conseillé plusieurs ouvrages à potasser afin de me préparer le mieux possible. Une seconde idée lumineuse arrive en renfort : impliquer Fran dans mes révisions, lui conférer un rôle important dans la réussite de mon entreprise, lui dire que j'ai besoin de son aide. La flagornerie a toujours marché auprès d'elle.

Je l'enlace et lui dis :

— Écoute, Fran, je n'y arriverai pas sans toi, il faut que tu m'aides.

— Que je t'aide à quoi ?

— À préparer mon entrée dans cette école. C'est dur, tu sais, il s'agit d'une sorte de concours. Il y a des épreuves écrites, puis si tu obtiens un minimum de quatorze sur vingt, tu es convoqué à l'entretien final. J'ai acheté les livres pour réviser, ça représente un gros boulot. Tu pourrais t'occuper des corrigés et me donner des dictées, m'interroger sur les conjugaisons, les accords de participe, des trucs comme ça, tu vois ?

Fran se lève et me fait face. Moi je suis resté assis. Elle sourit et me demande :

— En somme, je serais ton professeur, et toi tu serais mon élève bien obéissant (elle vrille son pied sur mes couilles) ? Tu sais que je peux être une maîtresse très sévère ?

— Oui, je sais.

— Mais ?

— Mais j'aime ça, Fran.

— Qu'est-ce que tu aimes ?

— Que tu me punisses.

— C'est bien, bébé. En attendant, je vais m'occuper de Gérald. Ensuite, je file retrouver Adrienne. Toi tu attaques tes révisions, je t'interroge ce soir.

Les jours suivants, tout se déroule comme prévu. Fran s'investit dans son rôle de maîtresse sévère. Elle n'hésite pas à recourir au châtiment corporel quand elle le juge utile, ce qui la maintient dans un état d'excitation quasi permanent. Je paie aussi beaucoup de ma personne au lit, mais c'est le prix de ma tranquillité. Dans la mesure où je n'ai plus à déménager – provisoirement –, je ne gaspille pas mon temps en recherche de logement, et les révisions comme l'écriture avancent rapidement.

Par ailleurs, je commence à percevoir mes allocations. Bref, j'ai du temps et de l'argent pour m'occuper de Nino et mener ma barque, si bien que je me présente aux épreuves en toute sérénité. Moins de deux semaines plus tard, un courrier m'informe que je suis convoqué à l'entretien final. À l'issue duquel mon dossier est retenu.

Nous sommes début septembre, le stage commence en décembre. Je profite du sursis que m'a accordé Fran, en ce qui concerne mon départ de la maison, pour écrire du matin au soir durant ces trois mois.

À la veille de mon premier jour de cours, j'ai déjà rédigé la plus grande partie de mon roman.

3

— Ce n'est pas très simple. Ce n'est pas très simple,
en effet...
— (...) Je sais, mon grand, je sais.
— Remarque, il n'y a rien de dramatique. (...)
— Tu crois ?

J'arrive le dernier dans la classe. Il n'y a plus tellement le choix pour les places. Un coup d'œil circulaire m'apporte deux informations. La première, c'est que je ne peux m'installer qu'au premier rang. La seconde, c'est que j'ai adoré accrocher le regard de cette fille, au fond à droite, près de la fenêtre, et qu'elle-même n'a pas détesté me regarder.

Je m'assieds face au bureau du professeur, absent pour l'instant, salue ma voisine de droite et mon voisin de gauche, puis pivote de cent quatre-vingts degrés pour revenir sur la fille du fond. Ses yeux sont rivés sur moi. Elle me sourit légèrement et m'adresse la parole, sans proférer le moindre son mais en articulant suffisamment pour me permettre de lire sur ses lèvres : « Quoi ? » Je lui souris à mon tour. D'un signe de tête, elle m'invite à me retourner dans la bonne direction, ce qui revient à lui tourner le dos.

L'intervenant de cours débarque dans la salle en nous disant je vous prie de m'excuser pour mon retard. Vous comprenez, si j'avais dit « je m'excuse », c'eût été très cavalier, car je me serais excusé moi-même sans votre assentiment ; si j'avais dit « excusez-moi », l'impératif employé aurait pu faire croire que je vous ordonnais, au lieu de vous le demander humblement, de m'excuser ; la seule vraie formule de politesse est donc « je vous prie de m'excuser » ; cela pour vous montrer, s'il en était besoin, que le langage familier, comme vous l'apprendrez au fil de la formation, fait souvent un mauvais usage de la langue française, voilà, le cours a commencé. Il ajoute ah oui, mon nom est Francis Laigle, j'ai énormément travaillé en presse magazine, j'écoule aujourd'hui une retraite heureuse et méritée, et je vais tâcher de vous enseigner l'art de détecter, dans les textes et les articles que vous aurez à corriger, la « grosse faute », celle qui constituera votre gagne-pain, celle pour laquelle les patrons continueront de vous embaucher ; la grosse faute, ce n'est pas la virgule mal placée, n'est-ce pas, ne devenez pas des « virgulards » ; la grosse faute, ce n'est pas ne pas savoir écrire « occurrence » avec deux « c » et deux « r », vous n'avez pas le temps pour ces conneries quand vous êtes en bouclage et que le rédac. chef vous attend pour le bon à tirer ; la grosse faute, c'est le contresens, l'erreur dans le titre ou dans la légende photo, vous comprenez, mes enfants ? Si vous saviez comme on ne pense jamais à vérifier les titres ; plus c'est gros, moins on voit la faute. Mais je parle, je parle, et nous ne nous sommes pas présentés, alors je vous propose un tour de table, en commençant du fond jusqu'au premier rang, voilà, dites-nous qui vous êtes, d'où vous venez, ce que vous faites, ce que vous aimez.

Angela. La fille du fond de la classe s'appelle Angela. Elle est traductrice d'anglais, suit cette formation grâce à un Fongecif et vit à deux pas d'ici.

Ça doit être le fait de retourner à l'école, mais je me comporte comme un gamin pendant qu'elle se présente. Je passe mon temps à la déstabiliser, je ne la lâche pas des yeux et je réagis parfois de manière ostensible à ses propos, sans jamais me départir de mon sourire. Je la vois agacée à une ou deux reprises, et je sens que son agacement ne provient pas de mon attitude, mais plutôt de son incapacité à m'ignorer totalement, en dépit de ses efforts. Elle me rend la monnaie de la pièce quand vient mon tour de me présenter.

À la pause du matin, le débat s'anime dans l'unique salle de détente, entre fumeurs et non-fumeurs. Roselyne, notre « interlocutrice privilégiée » pour la durée du stage, arrive. Elle lance débrouillez-vous, vous êtes grands, jusqu'ici aucuns de nos stagiaires ne se sont encore entretués pour une cigarette. Elle nous explique ensuite comment nos nombreux prédécesseurs se sont organisés. C'est pas compliqué, vous créez une cagnotte, avec un responsable différent par semaine ; à tour de rôle, vous achetez ce dont vous avez besoin au supermarché du coin, il est à cent mètres ; pour la vaisselle, le mieux est de prévoir un roulement aussi.

Angela s'approche de moi et me demande, en me tendant un café, avec un petit sourire en coin :

— Alors comme ça, tu écris ?

— Euh… ouais.

— Ne fais pas ton modeste, tu avais l'air d'en être assez fier quand tu en as parlé au groupe, tout à l'heure.

— Fier ? Pas vraiment. Je dirais… heureux. Ça me rend heureux d'écrire, tu comprends ?

— Oui, oui, j'imagine. Et on peut lire ?

— Il faut que je termine d'abord.

— Ah, fait-elle.

— Tu ne me prends pas au sérieux, n'est-ce pas ?

— Si, si. Mais tout le monde écrit et, euh…

— D'accord. En résumé, tu me trouves prétentieux et mythomane. C'est un plaisir de te connaître.

Quand je rentre de mes cours, ce soir-là, Fran me lance :

— Alors, ce premier jour d'école ? Tu as bien travaillé, tes camarades de classe sont gentils (elle se met à glousser) ?

— Ne m'attends pas pour dîner, je me ferai chauffer une assiette au micro-ondes.

Je descends m'enfermer dans mon bureau et me jette avec ferveur dans l'écriture.

À ce rythme, soutenu sur quelques jours, j'achève la rédaction de mon roman assez rapidement. Parfaitement conscient que, dès lors, plus aucun prétexte ne me retient chez moi, je reprends mes recherches d'appartement. Un après-midi où j'épluche les annonces immobilières, Fran se penche par-dessus mon épaule. Elle me dit :

— Ne te précipite pas sur le premier truc venu. Tu sais, tu peux même rester le temps de passer ton examen de fin de stage.

— Mais c'est dans plus de six mois.

Elle pose un pied sur ma chaise, relève sa jupe, s'agrippe à mes cheveux et me plaque la tête entre ses jambes. Puis elle commence à s'agiter. Mets-moi un doigt dans le cul, souffle-t-elle entre deux gémissements… oui, comme ça, bouge-le bien… j'aimerais me faire enculer pendant que tu me lèches.

Elle a manifestement changé d'attitude à mon égard, et je m'y perds un peu. Je ne sais plus sur quel pied danser. Je ne sais plus vraiment ce que je veux moi-même encore ni pour quelle raison je ne parviens pas à me défaire d'elle aussi facilement que je le souhaiterais. Il n'y a pas si longtemps, j'avais pourtant des certitudes. Elle aussi. Et c'était simple. Douloureux mais simple. La décision s'imposait d'elle-même à nous, unique et limpide. Aujourd'hui, je crois bien que le cap a quelque peu varié et que nous naviguons tous deux à vue.

*

Chacun a pris ses marques, au centre de formation. Les affinités et les clans se précisent. Anna, Angela et moi formons déjà un trio solide. Anna semble s'amuser de nous voir nous chercher gentiment des poux dans la tête pour un oui, pour un non. Elle nous répète vous êtes en pleine régression, c'est impressionnant, de vrais collégiens.

Un matin, Roselyne nous informe qu'il va falloir nous répartir en deux groupes, pour les cours, et procéder à l'élection des délégués. Angela, déjà responsable de la cagnotte, propose sa candidature.

— Waow, lui fais-je. Responsable cagnotte, puis maintenant déléguée… On peut dire que tu t'impliques.

— C'est sûr, plus que certains. En attendant, tu es bien content de trouver du café et de quoi grignoter quand tu en as envie.

— Je ne grignote jamais entre les repas, et le café que tu achètes n'est pas celui que je préfère. Puis tu remarqueras que c'est toujours moi qui le prépare.

— Tu sais quoi, j'ai une idée. Tu vas remuer tes fesses et m'accompagner en courses, ce midi. Comme ça, tu t'achèteras ton café. Et à partir de lundi, c'est toi qui gères la cagnotte.

À la pause déjeuner, Angela m'attend dans le couloir. Sous le bras, j'ai une chemise cartonnée qui contient une copie de mon manuscrit. J'ai fini de l'écrire, il y a deux jours. Elle me demande tu emportes tes cours ? Je lui fais signe que non et l'entraîne dans l'escalier, direction le supermarché.

Sur place, elle me refile un panier qu'elle a saisi à l'entrée et le remplit au détour des rayons. Puis nous poireautons aux caisses.

— Si tu te voyais, avec ton panier à la main, me lance Angela. Tu n'as pas l'habitude, hein ? C'est ta nana qui se tape les courses, c'est ça ?

— Qui te dit que j'ai une nana ?

— Ta tête. Tu n'as pas la tête d'un mec qui vit seul. Tu as la tête d'un mec dont la nana cuisine, repasse les chemises, et tout et tout.

— Ah, nous y sommes. Alors sache – bien que ça ne te regarde pas – que nous avons une femme de ménage qui évite à « ma nana » toutes les corvées ménagères. « Ma nana » cuisine, en effet, mais parce qu'elle adore ça. Moi je prépare le petit déjeuner tous les matins et je m'occupe de notre fils, y compris le midi.

— Oh, belle répartition des tâches, belle organisation de couple. Et j'imagine que, dans votre gentil pavillon, avec, j'imagine encore, le jardin – parce que c'est mieux pour les enfants –, vous avez aussi un labrador beige.

— Eh bien, euh… oui.

— Seigneur ! Je rêve. Merde, même le labrador, c'est vrai ?

— Oui. Et nous avons aussi un chat, si tu veux le savoir. Un chat de gouttière noir et blanc.

Angela me regarde un instant et éclate de rire.

— Nom de Dieu, je ne te vois pas là-dedans.

— Dans quoi ?

— Dans cette vie si… ordonnée ?

— Pourtant j'y suis.

— Et tu y es heureux ?

— Ah, c'est à nous.

Je dépose les articles sur le tapis roulant. Au moment de régler, Angela constate qu'il ne reste pas assez dans la cagnotte.

— Désolé, j'ai mal calculé, s'excuse-t-elle. Je n'ai rien d'autre sur moi.

— Aïe, je n'ai pas de liquide non plus et j'ai laissé ma carte de crédit en classe.

— Bien, j'habite à deux rues d'ici, déclare-t-elle à la caissière. Je vous laisse mes achats et monsieur (la caissière me regarde et pousse un petit gloussement contenu), je file chez moi récupérer un peu d'argent et je reviens. D'accord ?

Angela me regarde avec un grand sourire, je la remercie pour son plan de merde, elle répond de rien et tourne les talons. Dix minutes plus tard, elle est de retour, haletante. Elle a couru. Pour moi, précise-t-elle. Ce à quoi je rétorque que je ne vais pas la plaindre. Elle paye, et nous sortons enfin de ce temple de la surconsommation.

Pour se faire pardonner, elle me propose de venir déjeuner chez elle, tout en me prévenant qu'elle n'a pas grand-chose. Pas de doute, elle sait recevoir et se montrer aux petits soins pour ses amis. Elle me traite de bourgeois conformiste. Je lui réponds qu'à mon avis c'est un pléonasme, et ajoute que si elle a des pâtes et du Nutella, ça ira largement.

— Non, toi aussi ? s'exclame-t-elle. Je mangerais ça à tous les repas. Je mange ça à tous les repas.

— Des pâtes, et ensuite le pot familial de Nutella…

— À la cuillère.

— Le pied.

Nous pressons le pas et nous arrivons bientôt chez elle – une maison de ville dans une copropriété pleine de charme, aux allées pavées. Avant d'ouvrir la porte, elle m'informe qu'elle n'a rien rangé et me prie de ne pas faire gaffe au foutoir. Elle imagine que ça doit être très différent de chez moi.

Nous entrons et bifurquons directement à gauche, dans la cuisine, où elle remplit une casserole d'eau qu'elle met à bouillir. Alors, seulement, nous gagnons le salon, en face, de l'autre côté du couloir. Elle glisse *Hopes and Fears* de Keane dans son lecteur de CD. Elle sélectionne d'emblée « Everybody's Changing ». Nous écoutons quelques instants en silence, puis je reprends avec Tom Chaplin : *I try to stay awake and remember my name / But everybody's changing and I don't feel the same.*

— Hé, tu chantes bien, s'étonne Angela.

— Oh, euh… oui.

— Non, mais je veux dire que tu chantes vraiment bien.

— J'aime ça, en tout cas. Je compose aussi des chansons.

— On peut écouter ?

— Commence déjà par lire ça.

Je lui tends ma pochette cartonnée, à laquelle je me cramponne toujours. Elle l'ouvre et lit le titre sur la première page. C'est ton roman ? J'acquiesce. Ouah, lâche-t-elle. Elle retourne à la cuisine jeter quelques poignées de *penne rigate* dans l'eau en ébullition. Je prépare une sauce au fromage, annonce-t-elle, ça te va ?

Je l'aide à dresser le couvert. Elle pose au milieu de la table un gigantesque pot de Nutella, méga format, dans lequel elle plante, comme des banderilles, deux cuillères. Puis elle nous sert les pâtes, et nous déjeunons sur *Hopes and Fears*.

Je remarque, appuyées sur le mur derrière la porte du salon, des crosses de hockey sur glace. En les désignant de la tête, je demande :

— Ton copain est un bûcheron canadien ?

— Non, c'est moi qui pratique. Enfin, qui pratiquais. J'ai arrêté, il y a quelques années, en même temps que le softball.

— Le quoi ?

— Le softball. Un baseball pour les filles, si tu préfères. Le terrain est plus petit, et la balle moins lourde.

— Toi, tu as fait ça ?

— J'ai même participé aux deux derniers Jeux olympiques.

— Tu plaisantes ?

— Non, j'y étais traductrice (elle sourit). Mais, plus sérieusement, j'avais un niveau national, en hockey, et j'étais capitaine-entraîneur de l'équipe de softball.

— Et tu as tout plaqué ? Pourquoi ?

— Oh (elle fait un geste évasif de la main)… le boulot, la grossesse, le manque de temps. La vie, quoi.

— Tu as des enfants ?

— Une fille de cinq ans, Lou. Et si on attaquait le Nut' ?

Nous avalons ensemble une première bouchée, dans un gémissement de plaisir. J'aimerais interroger Angela sur elle, sur sa vie, sur sa famille, comme on le fait cordialement quand on se lie avec quelqu'un, mais je sens une réticence certaine de sa part à dévoiler cette partie de son intimité. Aussi je garde mes questions pour moi, et nous parlons d'autre chose.

Sur le chemin du retour à l'école, je la remercie pour le déjeuner et lui dis que j'aimerais lui rendre l'invitation. Réaction convenue et bourgeoise, selon elle. Elle me donne un léger coup d'épaule et déclare que je suis vraiment un petit con. Mais j'insiste. J'aimerais lui montrer où j'habite. J'aimerais qu'elle juge sur pièce, au lieu de s'imaginer je ne sais quoi. Nous n'avons pas cours, demain après-midi, nous pourrions aller travailler chez moi. Elle ne voudrait pas déranger ma nana, que, par politesse bourgeoise, je lui demande d'appeler Fran.

— Elle ne sera pas là, lui dis-je. Elle a un congrès et c'est elle qui assure la fermeture du stand, le soir, elle rentrera tard.

— Je ne sais pas…

— On peut demander à Anna de se joindre à nous.

— D'accord.

Le lendemain, Fran revient de son congrès dans le courant de l'après-midi, bien plus tôt que prévu, et nous trouve à réviser nos cours dans le salon, nos feuilles étalées sur la table. Je l'embrasse et lui demande :

— Tu ne devais pas rester jusqu'à la fermeture du

stand ?

— Pardon de rentrer chez moi.

Les filles s'excusent pour la gêne occasionnée. Fran leur adresse un bonjour des plus froid. Elle reprend, à mon attention :

— Je me suis arrangée avec une collègue. Ou plutôt, je ne lui ai pas laissé le choix, c'est une nouvelle, c'est normal qu'elle se tape la merde, non ? Je l'ai fait à mes débuts. Bon, si tu me prépares un café pendant que je vais chercher Nino à l'école, je descends le boire dans mon bureau et je prends le petit avec moi. Comme ça, je vous fiche la paix.

— Non, non, s'écrie Angela, c'est nous qui partons, nous n'allons pas vous embêter plus longtemps.

— Comme vous voulez, alors au revoir, répond Fran avant de ressortir pour aller récupérer notre fils.

*

Angela déboule dans la salle de repos de l'école et fond droit sur moi, alors que je m'affaire à la cafetière. Elle me tire par le bras pour m'entraîner à l'écart et me lance :

— Nom de Dieu, Katz. Nom de Dieu…

— Euh… oui, bonjour aussi.

Elle a lu mon roman. Elle l'a fini cette nuit et n'en a pas fermé l'œil. Je suis un vrai petit con. Un authentique petit fumier. Elle n'avait pas ressenti de telles émotions avec un livre depuis des années. Est-ce que j'entends ? Des années. Merde, alors. Elle se prend la tête à pleines mains et l'agite de droite à gauche. Puis elle scrute mon visage et attend que je parle. Tout ce que je trouve à articuler c'est arrête,

arrête, tu déconnes.

— Qu'en pense Fran ?

— Oh… Fran ne l'a pas lu. Tu sais, son boulot l'absorbe, et le temps lui manque, alors… tu vois.

— Je vois assez bien, oui, murmure Angela en saisissant mes mains pour les serrer dans les siennes. Qui d'autre l'a lu ?

— Tu es la seule.

Elle pose une main sur son cœur et ouvre grand les yeux en poussant un oh de stupeur. Il ne faut pas. Il ne faut pas qu'elle soit la seule. Qu'est-ce que j'attends pour le montrer à tout le monde ? Ce que j'attendais ? Mais juste un avis. Un encouragement.

Nous nous taisons tout à coup, car nous venons de prendre conscience que nous nous tenons l'un en face de l'autre, main dans la main et les yeux dans les yeux. Mon regard glisse lentement sur les lèvres d'Angela, puis sur sa poitrine ronde et généreuse, qu'une respiration saccadée soulève et qu'un décolleté assassin dévoile en partie. Sa lèvre inférieure frémit. Elle s'apprête à parler. Mais Roselyne arrive de façon impromptue. Elle s'excuse aussitôt et rebrousse chemin en nous adressant un « désolée, désolée ».

À la pause suivante, je m'enferme avec elle dans son bureau. Je commence par bredouiller quelques explications hésitantes, je lui jure les grands dieux qu'elle ne nous a pas dérangés, que les choses ne sont pas ce qu'elles semblaient être.

Roselyne m'interrompt. Elle n'est pas encore une ancêtre, mais elle est déjà suffisamment avancée dans l'existence, elle pense avoir déjà suffisamment roulé sa bosse pour comprendre quand elle tombe mal, elle se vante de posséder au moins cette expérience-là, hmm ? Et elle ne juge pas, d'accord ? Ce qu'elle a vu, tout à l'heure, entre Angela et moi, ne l'a pas horrifiée. Elle ne prétend pas que ça ne risque pas de foutre un certain bazar, oh non, elle ne prétend pas ça. Elle sait bien que j'ai une femme et un gosse, mais qu'est-ce que nous y pouvons, Angela et moi, hein ? Qu'est-ce qu'on y peut, quand on se ramasse ça sur le coin de la figure ? Qui peut nous jeter la pierre ? Certainement pas elle.

Je m'assieds sur le rebord de son bureau et soupire :

— Ce n'est pas très simple. Ce n'est pas très simple, en effet...

Elle tapote mon genou en hochant la tête.

— Je sais, mon grand, je sais.

— Remarque, il n'y a rien de dramatique. Rien n'est engagé.

— Tu crois ?

*

Fran a exigé que je la regarde se préparer pour son dîner de clientèle, devant les miroirs de la penderie, dans notre chambre.

— Je te plais ? demande-t-elle en enfilant un string.

— Oui.

— Montre.

Je dégrafe mon pantalon et en extirpe mon sexe en érection.

— Pas mal, apprécie-t-elle en le contemplant un moment. Mais qu'est-ce que tu comptes en faire ? Tu sais que tu ne me toucheras pas, n'est-ce pas ? Tu sais que c'est un autre qui va me baiser ? Alors que vas-tu faire de cette belle queue qui se dandine pour moi ?

— Je vais me caresser, Fran.

— Pardon ? Tu vas te quoi ?

— Je vais me branler. Je vais me branler en t'imaginant avec un autre homme.

Comme je suis assis au bord du lit, elle vient s'agenouiller entre mes jambes et me prend dans sa bouche. Elle me suce un peu puis me dit voilà, c'est tout ce que je peux faire pour t'aider à commencer, tu finiras tout seul.

Elle enfile une robe de soirée et me présente son dos. Aide-moi à remonter la fermeture Éclair, s'il te plaît. Elle lèche mes lèvres et me souffle à l'oreille je me sens toute chaude, je crois que je vais être très cochonne, ce soir, et ce ne sera pas pour toi, mon pauvre bébé. Elle frotte doucement son visage sur le mien en susurrant eh bien, tu n'as rien à me dire ? Je lui réplique tu es une salope, tu sais que tu es une belle salope ? Elle gémit dans un sourire.

En prévision de ce soir, où Fran est à l'extérieur, Kate et Sofian m'ont invité. Mais comme souvent, Sofian est en déplacement professionnel de dernière minute et ne rentre pas avant demain. Kate et moi nous retrouvons donc une fois de plus en célibataires, avec les garçons.

Lorsqu'elle leur annonce qu'elle leur a préparé des bâtonnets de poisson surgelés avec des frites, ils sont aux anges. Nigel – l'aîné –, Ian et Nino s'entendent aussi bien que leur mère et moi. Une amitié indéfectible nous lie tous deux depuis maintenant quatre bonnes années. Selon ses calculs, nous serions même jumeaux astraux ou quelque chose de ce genre. Un jour, elle m'a dit tu te rends compte, même nos noms sont presque identiques, Kate, Katz, il n'y a que la dernière lettre qui change.

Lorsque je lui remets mon manuscrit, elle le soupèse machinalement en me demandant ce qu'en pense Fran.

— Rien, elle ne l'a pas lu. Elle prétend qu'elle est débordée, qu'elle n'a pas le temps. Mais Angela l'a lu.

Kate me dévisage bizarrement, ouvre la bouche pour parler, puis jette un œil sur les enfants et se résout finalement au silence. Sitôt qu'ils filent jouer dans la chambre, après leur repas, elle m'interroge.

— Qui est Angela ?

— Une fille qui suit la formation avec moi.

— Une fille qui suit la formation avec moi ?

— Oui, une copine, quoi. On s'entend bien, et elle a adoré.

— On s'entend bien, et elle a adoré ?

— Tu vas répéter tout ce que je dis ?

Kate me regarde de nouveau, mais sans broncher. Je souffle, m'affale dans le canapé et soupire écoute, j'ai l'impression de perdre pied. Ouais, lâche Kate. Puis elle décrète qu'un mojito s'impose. Elle précise que demain, c'est samedi, que les enfants n'ont donc pas cours, et que, au cas où nous nous soûlerions ce soir, Nino pourrait tout à fait dormir dans la chambre de Nigel, et moi sur le convertible du salon.

Depuis quelque temps, Kate s'est entichée du mojito. Mais elle ne sait pas le préparer et ne possède absolument rien d'utile, de près ou de loin, pour piler la glace. Elle m'apporte ses sempiternels tournevis et marteau déglingués, et je m'attaque aux glaçons, dans l'évier de la cuisine, en fredonnant une chanson d'Higelin. *Cayenne, c'est bien fini / Casser des cailloux à Cayenne.*

Kate finit par ajouter la glace à sa mixture et remplit deux verres. Nous avalons une gorgée.

— Hmm, fait-elle, qu'en penses-tu ?

— C'est vraiment délicieux.

— Délicieux, mon cul. Proprement imbuvable, oui. Je vais me rattraper avec les bolognaises.

— J'admets que tu les cuisines comme personne. Mais tu as de la concurrence, Angela ne se débrouille pas mal non plus.

— Angela ? Elle t'a déjà fait des pâtes ?

— Oui, elle m'invite parfois chez elle, le midi. Elle habite à côté de l'école, c'est pratique.

— Pratique… Pratique pour te fourrer dans le pétrin ? Eh bien, nous allons voir si cette pétasse m'arrive à la cheville en matière de spaghettis.

Kate se lève du canapé et emporte son verre à la cuisine. Je la suis. Elle met de l'eau à bouillir, après quoi elle prépare la sauce.

— Ce n'est pas ce que tu crois, Kate. Et Angela n'est pas ce que tu dis.

— Elle vit seule, elle est mariée, elle a des enfants ?

— Elle a une fille, oui. Pour le reste, je ne sais pas. Ça semble *touchy*.

— Merveilleux.

Je nous ressers un mojito, tandis que Kate mélange dans la poêle la viande hachée aux oignons qu'elle a fait revenir.

— Tu es amoureux ?

— Je ne sais pas. C'est comme si je la connaissais depuis toujours. Nous avons les mêmes idées, nous avons les mêmes goûts…

— Seigneur, pas ces conneries. Écoute-toi un peu. Une vraie midinette. « Les mêmes idées, les mêmes goûts, je la connais depuis toujours. » Merde, Katz, pourquoi tu me dis tout ça ? Tu oublies que Fran est mon amie aussi, que Sofian et moi sommes vos amis, que nos enfants sont amis, qu'on se fréquente, qu'on se croise tous les jours, qu'on s'invite les uns les autres ? Je ne vais plus oser regarder Fran en face.

Elle remue énergiquement la viande avec une spatule et en projette sur le carrelage. Eh merde, rouspète-t-elle. Je ramasse. Kate abandonne la spatule sur le plan de travail puis me fait face. Elle avale lentement une gorgée de mojito avant de me demander :

— Vous avez déjà consommé ?

— Non, nous n'en sommes vraiment pas là. Nous n'en serons peut-être même jamais là. La seule fois où il a failli se passer quelque chose, nous nous sommes fait surprendre dans le couloir, à l'école.

— Dans le couloir, à l'école… C'est pas vrai, vous êtes plus cons que des ados, ma parole. Katz, tu es d'ordinaire quelqu'un d'incroyablement raisonnable et tu as un sens des responsabilités que j'ai rarement vu chez un représentant de l'espèce masculine. Alors j'en appelle à ta raison. Pense à Nino, pense à Fran, pense à votre famille, à tout ce que vous avez bâti au cours de ces quinze années de vie commune.

Ma famille ? Quelle famille ? Il n'y a jamais eu de famille. Il n'y a que de la poudre aux yeux. J'en ai ras le bol de faire semblant, ras le bol de faire bonne figure en public.

Kate égoutte les spaghettis et les verse dans la bolognaise. À son avis, il se peut que je me trompe sur mes intentions réelles avec Angela, que je fasse fausse route, dans cette histoire. Au fond, que se passe-t-il ?

Me revoilà étudiant, dans un univers et une ambiance que j'ai toujours regretté d'avoir quittés prématurément, alors je me sens comme à l'époque de la fac, libre, insouciant, je me vois quinze ans en arrière. Mais ma situation a changé. À présent, j'ai des responsabilités et des devoirs. Je ne peux pas tout foutre en l'air sur un coup de tête.

Kate en a de bonnes. J'ai déjà tout foutu en l'air, il y a quinze ans. J'ai foutu en l'air la vie que j'aimais en abandonnant mes études, parce que Fran estimait qu'il était temps pour nous d'avoir un métier et un salaire, si nous voulions nous installer ensemble. C'était mes études ou elle. Devant cet ultimatum, quel véritable choix avais-je ? Et quels remerciements en ai-je aujourd'hui ?

— Ne dramatise pas, me dit Kate. Ça ne va sûrement pas si mal que ça, avec Fran.

— Pas si mal, en effet. Elle m'a simplement flanqué à la porte.

— Qu'est-ce que tu racontes ?

— Après tout, je peux bien te le dire. Fran m'a demandé de quitter la maison. Elle n'a pas digéré que je lâche mon boulot pour écrire.

— Mais c'était il y a quatre mois, et tu es toujours chez toi, non ?

— Oui, en sursis. Fran m'a laissé jusqu'à la fin de mes examens. J'ai encore sept mois.

— Ce n'est pas possible.

Elle remplit les assiettes, me les tend, s'empare d'une bouteille de vin et de deux verres. Puis elle me dit viens et me demande qui nous invitons, ce soir.

Nous suivons toujours ce rituel, lorsque nous sommes tous les deux et que les enfants sont occupés ou endormis. L'appartement communiquant par une porte avec la librairie, nous en profitons immanquablement pour manger au milieu des rayonnages, sur la petite table que Kate réserve habituellement aux auteurs en signature. Nous sélectionnons quelques livres, au gré de notre humeur, et nous en lisons à voix haute quelques extraits durant le dîner, que nous avons ainsi l'impression de partager avec nos écrivains préférés. Nous nous sentons bien, dans cette ambiance cosy, au milieu des odeurs de parquet ciré, de papier, de vélin, d'encre et de vieux cuir.

Aujourd'hui, je choisis Raymond Carver, Tennessee Williams et Shakespeare. Entre deux lectures, deux bouchées, deux gorgées de chardonnay, je raconte tout à Kate. Elle n'en croit pas ses oreilles. Elle répète sans cesse, ce n'est pas fichu, ce n'est pas fichu.

Nous vidons nos assiettes. Kate va passer un pyjama à Ian, les grands se changent tout seuls. Elle revient, tenant à la main des DVD et une autre bouteille de blanc qu'elle brandit avec un sourire en coin. Tu veux qu'on la vide doucement devant *Casablanca* ? Nous descendons quelques marches, au fond de la librairie, pour gagner une sorte de cave voûtée dans laquelle Kate a installé son bureau ainsi qu'un home cinéma, et qui sert à l'occasion de salle d'exposition pour des artistes désireux de faire connaître leurs œuvres sans en avoir forcément les moyens ; le côté mécène de Kate…

Je m'installe dans le canapé, face à l'écran géant, me renverse, étends mes jambes et glisse dans une torpeur bienfaitrice. Rien de mauvais ne peut m'arriver, je sais qu'en plus de *Casablanca* Kate garde en réserve *Citizen*

Kane et *La Mort aux trousses*. J'envoie un texto à Fran pour la prévenir que je passe la nuit ici. Elle me répond qu'elle est déjà trempée et que la soirée ne fait que commencer.

Je pense à Angela. Que fait-elle en ce moment précis que j'aimerais partager avec elle ?

Les enfants nous réveillent, le lendemain matin, vers dix heures. Nous sommes assis, à peu de chose près, dans la même posture que la veille ; nos vêtements sont froissés, et nous avons la bouche pâteuse. Petit déjeuner ? questionne Kate. Je décline l'invitation, attrape Nino sous le bras et regagne mes pénates.

Fran dort encore. Elle n'a pas dû se coucher très tôt non plus. Nino allume la télé. Je lui conseille de baisser le son. Je touille deux cuillerées de chocolat dans un bol de lait froid et j'ajoute des céréales. Voilà pour lui. En ce qui me concerne, je me sers un bol de café. Peu après, Fran descend de la chambre, emmitouflée dans son peignoir, les yeux mi-clos.

— Vous faites un de ces bordels. Nino, baisse le son. (Puis elle s'adresse à moi.) Mon thé est prêt ?

— Non, tu dormais, je ne t'ai rien préparé.

— Bien, tu peux t'y mettre, je suis debout, maintenant… grâce à vous.

Elle s'étire. Je m'active en cuisine. Elle demande :

— Qu'est-ce qui t'a pris de dormir chez Kate et Sofian ?

— Sofian n'était pas là. On en a profité pour se faire une soirée ciné : *Casablanca, Citizen Kane* et *La M…*

— Ouais, super.

Elle pioche une tartine à la confiture de fraise sur le

plateau que je viens de déposer sur le bar, croque de bon cœur, et, la bouche pleine, m'annonce qu'elle a décidé de partir pour les prochaines vacances de février. Avec Nino. Une semaine en hôtel club, à la montagne, leur ferait le plus grand bien. À elle en tout cas. Elle en a discuté avec Magalie, elles partent ensemble, et Magalie emmène Lara. Nino pousse un cri de joie. Comme Nigel, Lara est dans sa classe depuis la maternelle. Ils jouent souvent ensemble après l'école, Magalie habite à deux maisons de la nôtre, sur le même trottoir.

— Tu pars avec Magalie ? Tu n'arrêtes pas de me dire que tu ne peux pas la blairer.

— Pour une semaine en club, ça ira bien. Parce que, franchement, partir seule… Même si je n'ai pas l'intention de le rester très longtemps, ajoute-t-elle à voix basse en m'adressant un petit sourire ironique.

*

À l'approche de Noël, une fin d'après-midi, après les cours, Angela et moi flânons devant les vitrines décorées des magasins. Il fait déjà nuit, les flocons de neige dansent dans la lumière des enseignes.

— Vous partez un peu, pour les fêtes ? me demande-t-elle.

— Non, on reste ici, en famille. Et toi ?

— Je ne bouge pas non plus.

Nous ne le formulons pas, mais je crois que les quinze jours de congés scolaires qui s'annoncent vont nous paraître longs à tous deux, aussi grappillons-nous les derniers instants qu'il nous reste avant de retourner à nos obligations.

L'heure arrive où nous nous embrassons en nous souhaitant à l'avance un joyeux Noël. Figé devant la bouche de métro, je regarde Angela s'éloigner, jusqu'à ce qu'elle tourne dans sa rue et disparaisse. Alors je m'engouffre dans les couloirs souterrains aux vents tourbillonnants, où je manque rapidement d'oxygène.

Le réveillon de Noël se déroule chez mes parents. Durant la soirée, Fran et moi faisons ce que nous savons le mieux faire : donner l'impression que nous sommes un couple uni et aimant. Nino est heureux de ses cadeaux. Il est heureux tout court. Tout le monde est content, Fran aussi. Se souvient-elle que nous allons-nous quitter dans quelques mois ? Tandis que tout le monde passe un joyeux Noël, je ne cesse de penser à Angela, et l'ennui me ronge. Encore deux semaines sans elle. Une éternité.

(…) son sourire me transperce. J'ai envie de l'enlacer, de promener mes lèvres sur son cou, de respirer l'odeur de sa peau, de la sentir palpiter. Mon téléphone portable se met à sonner. Le nom s'affiche sur l'écran : Fran. Je bascule en mode silence.

La reprise des cours, début janvier, survient comme une délivrance. Excepté le Jour de l'an, légèrement salutaire, chez Kate et Sofian, la période des fêtes en compagnie de Fran a été suffocante, la majeure partie du temps. J'en arrive parfois à ne plus pouvoir respirer l'air qu'elle respire, à ne plus pouvoir évoluer dans le même espace qu'elle. J'ignore si je tiendrai encore longtemps, même s'il y va de mon intérêt.

Je suis chômeur, non solvable, et donc dans la plus complète incapacité à louer le moindre logement si je quitte le domicile conjugal dès à présent. Aucune agence immobilière n'acceptera mon dossier. Fran m'a laissé jusqu'à la fin des examens, mais la seule vraie solution, pour moi, pour mon repos psychologique, consisterait à mettre en vente la maison au plus tôt et à acheter quelque chose comptant. Sans crédit ni dettes.

Telles sont les réflexions qui occupent mon esprit, lorsque je franchis les portes de l'école. Angela m'apparaît à l'extrémité du couloir comme une lumière au bout d'un tunnel. J'ai envie de courir à sa rencontre, de la serrer dans mes bras, de l'embrasser fiévreusement, de lui dire qu'elle m'a manqué, cruellement. Mais nous nous contentons de nous faire la bise et de nous souhaiter la bonne année, genre tout en retenue, tout dans le contrôle. Elle me dit :

— J'espère que ton roman sera publié.

— Merci. Et pour toi ?

— Oh, j'ai déjà tout.

— Je ne sais pas… un mec ?

— Toi et tes vœux pourris…

À propos de vœux, ce matin, nous procédons à la scission de la classe en deux groupes, et rien ne se déroule selon ceux que j'avais formulés en secret. L'inscription des noms dans chaque groupe s'effectue sur une feuille volante, qui circule du fond de la classe jusqu'au premier rang. Lorsqu'elle parvient entre mes mains, le groupe 2 est déjà au complet, et le nom d'Angela y figure. La mort dans l'âme, j'écris le mien dans la colonne du groupe 1. Ça signifie qu'à partir de maintenant Angela et moi n'aurons plus cours ensemble. Nous serons dans deux salles différentes et nous permuterons par demi-journée. Pour peu que nos pauses ne coïncident pas, nous risquons de ne plus nous voir que rarement.

— Mais qu'est-ce que tu as foutu ? je lui demande, en lui servant un café durant le quart d'heure d'interclasse.

— Comment ça, ce que j'ai foutu ?

— Tu aurais pu noter mon nom au-dessous du tien.

— Je n'y ai pas pensé. Qu'est-ce que ça change ? Nous continuerons de nous voir le matin avant les cours, pendant les pauses…

— À condition que les deux groupes aient leurs pauses en même temps.

— … le midi, et en sortant de l'école l'après-midi.

Allez, ne fais pas la gueule. Ça te va, spaghettis Nutella, tout à l'heure ?

Le moment venu, Angela propose à Anna et à Natty de se joindre à nous. Elle ne s'y prendrait pas mieux pour éviter d'être seule en ma compagnie.

Après les cours de l'après-midi, je lui propose d'aller boire un verre. Elle se dérobe en m'expliquant qu'elle a quelque chose de prévu, ce soir, et qu'elle doit vite faire ses devoirs au préalable. Elle n'en dit pas davantage, et je me fais violence pour ne pas la questionner. A-t-elle un mec, oui ou non ? Et pour quelle raison ne parle-t-elle jamais de ce connard ? Et qu'est-ce qui me prend de m'énerver autant à la seule pensée d'un mec posant ses mains sur elle ? Elle me laisse à mes interrogations en me lançant un « je file » insouciant qui me met hors de moi. Je reste figé là comme un flan avant de décamper à mon tour.

Je suis d'une humeur tout à fait massacrante en arrivant chez moi. À peine ai-je franchi le seuil que Fran me dit :

— Ah, je t'attendais pour descendre à mon bureau. Tu t'occupes de Nino ?

— Non. Tu chatteras un autre jour, et pour une fois tes amis se passeront de toi. Moi j'ai vraiment du travail, des cours à réviser, des exercices à faire. Alors c'est moi qui descends à mon bureau.

— Tu vois, Nino, comme papa n'est pas content de te retrouver ? Tu vois comme ça l'embête de s'occuper de toi ? Tu vois comme c'est maman qui doit tout faire dans cette maison ?

Je m'approche de mon fils, le soulève de terre, l'embrasse et lui souffle à l'oreille j'ai beaucoup de devoirs pour mon école, mais je remonte le plus vite possible.

Je mets pas mal de temps à me calmer. Je passe de mes cours à mon piano, de mon piano à mon ordinateur – j'ai projeté d'attaquer un nouveau roman, mais rien ne se présente. Je reste sec. Je ne pense qu'à Angela. Angela au théâtre ? Angela au restaurant ? Angela avec son mec ? Angela heureuse avec un autre ? Angela sur un petit nuage ? Elle est bien quelque part, nom de Dieu. Mais où ? Où ? Je souffre de son absence, de son absence en ce moment présent comme dans ma vie de tous les jours, je souffre de n'être pas sa source de bonheur, je souffre de ne l'avoir pas rencontrée plus tôt. Elle peut feindre l'indifférence, essayer de me faire croire ce qu'elle veut, je jurerais qu'elle aussi a pris conscience de ce qui existe entre nous. Et je me fous de savoir que ce n'est peut-être qu'une banale réaction chimique, qu'une simple histoire de phéromones. Non, il ne s'agit pas d'un coup de foudre, ça n'a rien à voir. Des coups de foudre, j'en ai déjà eu ; ce que je ressens avec Angela est très différent. Cette chose ne s'évanouira pas comme elle est apparue.

Vers une heure du matin, je traîne encore dans mon bureau. J'y suis redescendu après avoir avalé un morceau, pour la forme, avec Fran et Nino. Je m'acharne sur mon clavier d'ordinateur à vouloir sortir deux phrases un peu cohérentes qui constitueraient le début d'une trame. C'est alors que mon alerte de messagerie retentit, et qu'une petite boîte de dialogue, en bas à droite de l'écran, m'informe « angela vient de se connecter ». Je lui envoie un message aussitôt. Elle me demande ce que je fiche encore debout à cette heure. Et elle ? Elle ? Eh bien, rien de spécial. Elle me souhaite une bonne nuit et m'informe qu'elle s'est connectée pour chatter avec quelqu'un d'autre que moi. Elle adoucit ses propos en insérant un smiley à la fin de sa phrase.

Message reçu. *Allez vous faire foutre, l'autre et toi. Vous venez de vous quitter, que vous vous connectez déjà ? Vous ne pouvez pas rester cinq minutes l'un sans l'autre, c'est ça ? C'était votre premier rendez-vous ? Le deuxième ? Alors vous avez attendu un peu, pour les convenances, mais finalement vous avez décidé de passer la nuit ensemble ? Dans ce cas, bonne nuit, doux rêves et* ¡ hasta mañana !

J'éteins mon ordinateur et monte me coucher. Dans la chambre d'amis, afin de ne pas réveiller Fran. Je me déshabille à la hâte, rageusement, et me fourre sous la couette.

Plus tard dans la nuit, à travers mon demi-sommeil, je distingue la silhouette de Fran qui se détache dans la lumière du couloir et qui avance lentement vers moi. Je ne l'ai pas entendue entrer, je ne suis pas certain de ne pas rêver. Katz, qu'est-ce que tu fais là ? Sa voix est sourde. Pourquoi tu n'es pas venu te coucher avec moi ? Elle se tient à présent à hauteur de ma tête, debout. Je suis étendu sur le matelas à même le sol. Fran place un pied de chaque côté de mon visage, elle s'accroupit lentement. Elle me chuchote encore quelques mots. Je suis trempée, regarde. Elle s'assied sur mon visage et commence à frotter son sexe. Elle m'en fout partout. C'est désagréable. Je pense à Angela, avec la chatte de Fran qui ruisselle dans ma bouche. J'en ai presque la nausée. J'empoigne ses hanches et la repousse. Elle atterrit à califourchon sur mon torse, où elle se branle sans me quitter des yeux. En jouissant, elle libère un jet d'urine qu'elle étale aussitôt sur mon corps, des pectoraux au pubis. Puis elle s'écroule à côté de moi. Vaincu par la fatigue, je m'endors ainsi.

Quand je me réveille, ma peau me tire et sent la pisse séchée. La porte de la chambre est toujours ouverte, la lumière du couloir toujours allumée. Fran dort profondément. Je sors du lit en silence, referme la porte et saute sous la douche après m'être barricadé dans la salle de bains. J'aimerais rester des heures sous cette pluie délicieusement tiède qui me rince des dernières traces de la nuit. Mais je ne tiens pas à croiser Fran. Alors je m'empresse d'aller enfiler des vêtements dans ma chambre, descends en catimini, me chausse seulement en bas de l'escalier, attrape ma sacoche et sors de la maison sans même avoir bu une gorgée de café.

La première bouffée d'air frais me procure le plus grand bien. Le jour n'est pas encore levé. Je me rends seulement compte que je n'ai pas songé une seconde à consulter ma montre, dans mon empressement à m'enfuir d'ici. Dans mon empressement à fuir de chez moi.

J'arrive aux abords de l'école avec plus d'une heure d'avance. Je me jette dans un bistro pour patienter. Puis, sur une pulsion, n'y tenant plus, j'appelle Angela.

— Excuse-moi, je sais qu'il est tôt. Je ne te réveille pas ?

La véritable question, celle qui me brûle les lèvres, n'est pas « je ne te réveille pas ? » mais « je ne vous réveille pas ? ». La véritable question est « as-tu passé la nuit avec quelqu'un ? ».

— Non, je m'apprêtais à déposer Lou à l'école. Tout va bien ?

— Oui… oui.

— J'entends un de ces baroufs autour de toi. Où es-tu ?

— Dans un bar. À côté de l'école.

— À côté de l'école ? Mais il est tôt.

— Je me suis réveillé de bonne heure.

— Et tu n'es pas resté chez toi ?

Je ne sais que répondre. Un silence assez pesant s'installe. Qu'Angela brise la première.

— Je dois vraiment emmener Lou à l'école. J'en ai pour cinq minutes. Tu veux… tu veux qu'on prenne le petit déjeuner ensemble à la maison, quand je reviens ? Tu as déjà pris le tien ?

— Non. Enfin, je veux dire oui.

— Tu peux être plus clair ? demande-t-elle, amusée.

— Non je n'ai pas pris mon petit déjeuner, et oui je veux bien le prendre avec toi. Mais je ne voudrais pas déranger.

— Tu ne déranges pas.

Quelques minutes plus tard, elle m'ouvre sa porte. En franchissant le seuil, je lui tends les pains au chocolat que j'ai achetés en route. Elle s'exclame eh merde, ça va me tomber directement sur les hanches. J'examine les hanches en question et lui déclare qu'elle ne craint pas grand-chose. Elle m'exhorte à ne pas rester planté là et m'invite à entrer. Je m'engage dans le couloir, d'un pas mal assuré. Je ne suis subitement plus si pressé d'avoir la réponse à ma question. J'éprouve quelque crainte à me trouver nez à nez avec un autre homme que moi dans cette maison, au saut du lit. Je ne garantis pas de me montrer cordial envers lui, ni même simplement courtois ou affable. Je ne garantis pas d'avoir autre chose à lui dire que « fous le camp d'ici » ni de ne pas lui sauter à la gorge comme un mâle alpha qui se battrait pour sa femelle. Je n'aurais jamais imaginé pouvoir me comporter ainsi un jour, moi qui me targue de posséder plus d'esprit que de muscles, ou du moins d'exploiter à meilleur escient celui-là au lieu de ceux-ci. Ça ne me fait pas honneur, mais l'honneur, en cet instant précis, est le cadet de mes soucis. Je suis retourné à une sorte de bestialité pour laquelle seule comptent la puissance sexuelle et la virilité. Me voilà redevenu un authentique spécimen d'homme primitif, ma fierté et mon opinion de moi-même dussent-elles en souffrir.

Mes craintes se dissipent, lorsque je constate qu'Angela a déjà mis la table, et que la cafetière fume entre deux bols. Deux et pas trois. Le sien et le mien. S'il y avait un homme dans cette maison, il n'y est plus, et c'est déjà ça. Ou bien il dort encore, mais de toute façon il n'est pas prévu de le voir. Je verse le café, et Angela allume la radio, qui diffuse *Everybody's Changing*.

— Décidément, dit-elle. Et ton manuscrit ?

— Je l'ai confié à une amie, Kate. Elle tient une librairie. Elle côtoie pas mal d'éditeurs et de gens de l'édition, elle a promis de m'aider.

Elle me sourit tout en mâchant, et son sourire me transperce. J'ai envie de l'enlacer, de promener mes lèvres sur son cou, de respirer l'odeur de sa peau, de la sentir palpiter. Mon téléphone portable se met à sonner. Le nom s'affiche sur l'écran : Fran. Je bascule en mode silence.

— Tu ne décroches pas ? demande Angela.

— Non.

Nous finissons le petit déjeuner et nous rendons à

l'école. À la première pause de la matinée, Natty, qui est dans son groupe, m'apprend qu'Angela a quitté la classe en plein cours pour retourner chez elle, jusqu'à demain. Elle ne se sent pas très bien. Je m'isole pour lui téléphoner.

— Allô, c'est Katz. Qu'est-ce que tu as ?

— Je suis très fatiguée.

Tu veux dire après ta partie de jambes en l'air de la nuit dernière ?

— Je viens, ce midi ?

— Non, je préfère me reposer.

Et remettre le couvert avec l'autre ? Il est là ?

— Bien, je t'apporterai les cours et les exercices en fin de journée.

— Ce ne sera pas utile, je me suis arrangée avec Anna.

— Ah…

— À demain.

— Je t'embrasse.

Elle a déjà raccroché. Sans m'embrasser, donc. Trop occupée à embrasser l'autre, sans doute.

Je passe une journée de merde. En fin de soirée, n'y tenant plus, et après un long moment à avoir tourné en rond dans mon bureau comme un lion en cage, je me connecte à ma messagerie. Angela est en ligne. Je lui adresse un petit salut, histoire de. Comme sa réponse tarde, je réitère et crois futé de demander « y a quelqu'un ? ». Très drôle. Très intelligent. Pas débile du tout. Je me filerais des baffes. Un vrai pathétique ascendant gros con. Quelques instants s'écoulent encore, puis un message s'affiche sur mon écran : « angela risque de ne pas répondre. Son état est défini à Absent(e). » Tu m'étonnes, qu'elle risque de ne pas répondre. Me répondre quoi ? Que je suis un nul ? Un pauvre nase bien lourdaud comme on n'en fait plus ?

J'éteins mon ordinateur et me résigne à aller au lit. Le lendemain matin, au réveil, Fran m'informe que ma nuit a été agitée. Elle m'en dira tant.

Par chance, nous n'avons pas cours, aujourd'hui. Mon groupe est de sortie avec la prof de recherches et documentation pour la visite d'une maison d'édition. Je ne risquerai donc pas de croiser Angela, et ça me va bien. Mais à ma grande surprise, elle est là quand j'arrive sur les lieux.

— Que fais-tu ici, ce n'est pas ton groupe ?

Elle hausse les épaules.

— Ça m'arrangeait dans mon emploi du temps. Et puis cache ta joie.

— Je me suis connecté, hier soir, tu ne m'as pas répondu.

— Ah ? Je n'ai pas vu tes messages. Je n'étais peut-être déjà plus devant mon écran.

Elle me donne un léger coup d'épaule et me traite de p'tit con. Elle a le chic pour souffler le chaud et le froid avec une aisance qu'on pourrait considérer comme perverse, s'il ne faisait aucun doute qu'elle est purement innocente. Je crois que c'est d'ailleurs plus agaçant. Mais mon agacement s'estompe rapidement, et tout se dénoue en moi, toute tension s'aplanit.

Très peu concentrés sur les commentaires de notre guide, Angela et moi chahutons toute la matinée. Elle feint d'être importunée par mes bavardages, mais revient à la charge sitôt que je lui fiche la paix.

À l'heure du déjeuner, nous ne sommes pas fâchés d'entendre la prof nous annoncer la fin de la visite. Le groupe s'égaille à la sortie du bâtiment. Certains nous proposent de manger un bout avec eux. Nous déclinons poliment. Quand nous nous retrouvons seuls, Angela me dit :

— Je connais un restau sympa, à côté de mon boulot, ça ta tente ?

— Je nous y conduis, je suis venu en voiture, aujourd'hui.

En découvrant mon roadster, Angela me demande si ce n'est pas une blague, si je roule sérieusement là-dedans.

— Comment ça, là-dedans ? Ne prends pas cette mine dégoûtée. Que reproches-tu exactement à ma voiture de frimeur ?

— Merde, c'est une bagnole de parfait branleur, tu t'en rends compte ?

— Ne te fie pas aux apparences. Comparé aux roadsters qui existent sur le marché, celui-ci est le moins cher. Et le plus beau. Je trouve sa ligne simplement… impeccable. Sobre et élégante. Et je te jure que c'est une bagnole de pauvre.

— Pitié.

J'ouvre la portière passager. Angela consent à caler ses fesses dans le siège baquet. Elle dit on a l'impression d'être couché sur la route. Je m'installe au volant et actionne la commande des phares, qui sortent aussitôt du capot pour se lever. Angela pousse un petit cri de stupeur. Puis j'actionne la commande en sens inverse, et les phares se rabaissent.

— Dix ans d'âge mental, lance-t-elle. (Je démarre en faisant volontairement crisser les pneus.) N'importe quoi.

Elle tourne la tête pour ne plus me voir et ajoute p'tit con. Dans le reflet de sa vitre, je la vois sourire.

En fin de repas, au restaurant, elle me sort, sans crier gare :

— J'aimerais comprendre tes intentions, parce que là, franchement, je suis paumée.

Je repose calmement ma cuillère et contemple mon flan au caramel.

— Mes intentions ?

— Oui, ce que tu as dans la tête, quoi. Nous concernant. Ou me concernant. Je connais certaines idées derrière la tête des garçons qui trottent jusque sous les jupes des filles.

— Rassure-toi, je ne vais pas te sauter dessus. Maintenant, soyons clairs. Tu veux savoir si tu me plais ? La réponse est oui. Est-ce que j'aime passer du temps avec toi ? Oui. Est-ce que j'aimerais en passer davantage ? Oui. Est-ce que j'aimerais faire l'amour avec toi ? Oui. Est-ce que je vais te mener une cour acharnée, obstinée et forcément maladroite pour parvenir à mes fins ? Non. S'il doit se passer quelque chose entre nous, j'attendrai que ça vienne de toi, que tu le veuilles pleinement, que tu agisses consciemment et intentionnellement. Est-ce que ça répond assez bien à ta question ?

À son tour, elle pose sa cuillère sur le bord de son assiette.

— Eh bien ! Tu es… je ne sais pas. Gonflé. Oui, c'est le mot. Tu es franchement gonflé.

— Et franchement honnête.

— Je ne peux pas prétendre le contraire. Bon, alors nous voilà tranquilles. Parce que, de mon côté, rien ne se produira. Rien de ce que tu as évoqué. Même pas des cinq à sept ou quelques plans à la sauvette, ce n'est vraiment pas mon truc. Et je me rends compte que j'ai probablement eu un comportement équivoque avec toi, qui t'as fait croire des choses. Si j'ai merdé, j'en suis désolée. Ma vie est assez compliquée, et... laisse tomber. Mais je croyais que tu filais le parfait bonheur avec Fran, je me trompe ?

— En matière de perfection, je dirais que Fran m'a parfaitement flanqué à la porte. Elle m'a demandé de quitter la maison dès que les exam' seront finis.

— Oh... et ça t'embête ?

— Je...

La sonnerie de mon portable m'interrompt. Je prends la communication.

— Bonjour, vous ne me connaissez pas, je m'appelle Antoine Falconi, me déclare un type au bout du fil.

Puis il se tait. Pour mesurer son effet. Car il sait que je le connais forcément, au moins de nom. Antoine Falconi, en plus de diriger une gigantesque librairie, anime des chroniques littéraires à la radio, à la télévision, et écrit dans quelques magazines à grands tirages. Je lui réponds :

— Votre nom ne m'est pas totalement inconnu, en vérité. Il m'arrive de regarder la télé ou d'écouter la radio.

— Nous avons une amie commune, me semble-t-il, Kate. Elle m'a chaudement recommandé votre manuscrit. Je l'ai lu. Enfin, dévoré. J'aimerais vous exprimer ma gratitude infinie.

— Ah ?

— Oui. Pour m'avoir bouleversé, pour m'avoir ému, pour m'avoir touché à ce point par votre écriture.

Je couvre le téléphone et explique à Angela qu'il

s'agit de quelqu'un qui a bien aimé mon livre. Antoine Falconi, est-ce que ça lui dit quelque chose ? Elle aimerait savoir si je plaisante et vient aussitôt coller son oreille à la mienne sur l'écouteur.

— Vous êtes là ? s'inquiète Falconi.

— Oui, oui.

— Écoutez, je suis en contact étroit avec une maison d'édition à laquelle je propose parfois des manuscrits. Voyons-nous rapidement. Disons, euh… que faites-vous, là, tout de suite ? Vous êtes disponible ?

— Désolé, là, c'est impossible.

Falconi me supplie d'ouvrir mon agenda et me promet de me harceler jusqu'à ce que nous convenions d'une date. Nous fixons un rendez-vous à quatre jours plus tard.

— C'est incroyable, me dit Angela après que j'ai raccroché.

— Oui, il a carrément la voix d'Étienne Daho.

— Non, pas ça. Ce qui t'arrive, c'est incroyable. Mais tu es dingue ou quoi ? Tu reportes aux calendes grecques un rendez-vous qu'il était prêt à t'accorder maintenant ?

— Quatre jours, ce n'est pas précisément l'éternité. S'il est aussi intéressé qu'il l'affirme, il attendra bien ça, non ?

— Quel petit con insupportable tu fais.

— Oui, moi aussi je te trouve adorable.

*

Juliette, une fille de la classe, a organisé une soirée chez elle et a invité tout le monde. La fête bat son plein. Les bières sont maintenues au frais dans la baignoire remplie d'eau froide et de glaçons, des bouteilles de rouge assurent les renforts, les plats circulent, chacun se sert et grignote à volonté, la plupart bombardent comme des malades, la fenêtre ouverte ne suffit pas à évacuer la fumée, le Mac posé sur la cheminée du salon crache une musique vaguement new age et résolument chiante, mais qui convient à l'ambiance, à l'éclairage tamisé ainsi qu'à l'atmosphère confinée dans laquelle nous évoluons à cette heure avancée de la nuit. Je nage dans une sorte de joyeux brouillard assez proche de la béatitude. Le coup de fil de Falconi y est pour beaucoup, la présence d'Angela fait le reste. Nous sommes assis par terre, à bavarder avec Natty et Anna, qui s'amusent des vannes que nous ne cessons de nous envoyer l'un l'autre. Angela a calé son épaule contre la mienne, et nous nous donnons parfois mutuellement des petits coups de pied dans nos semelles de chaussures.

À un moment, elle me dit je suis un peu fatiguée, tu me ramènes ? Nous nous éclipsons sous le regard un brin amusé de Juliette.

Dans la voiture, Angela incline légèrement son siège en position couchette. Je mets la radio en sourdine et roule lentement. Nous ne prononçons pas un mot. Par sa vitre, Angela contemple la ville éclairée. Elle semble plongée dans une méditation que je ne trouble pas.

Arrivé devant chez elle, je gare la voiture le long du trottoir et coupe le moteur. Elle me remercie en détachant sa ceinture de sécurité. La radio passe alors *Everybody's Changing*. Je dis ah, ça va devenir notre chanson. Angela se penche vers moi et dépose un baiser très appuyé sur ma joue. Nous ne l'avons cherché ni elle ni moi, mais comme ça arrive de temps en temps, nous avons mal visé, et nos lèvres se touchent. Pas entièrement. Tout de même assez pour qu'un frisson nous parcoure. Bonne nuit, murmure Angela. Elle sort de la voiture, traverse dans le faisceau lumineux de mes phares. Je la regarde pénétrer sous le porche de sa résidence. Elle se retourne une dernière fois et m'adresse un signe de la main. Je redémarre en douceur. *I try to stay awake and remember my name/But everybody's changing and I don't feel the same.*

Le lendemain midi, Angela tient à m'inviter dans un restaurant qui a ouvert récemment, à proximité de l'école. Le cadre est très sympa, dit-elle tout excitée, et ça coûte la peau des fesses, mais il paraît que c'est très bon, ils ont des pâtes à tomber.

Le parquet aux larges lattes foncées, la pierre apparente sur l'un des murs, la grande baie vitrée ouvrant sur un espace boisé et les tables agrémentées de chandelles et de fleurs confèrent à la salle beaucoup de chaleur. Nous commandons des tagliatelles aux écrevisses avec une sauce au basilic, un fondant au chocolat et un valpolicella dont nous demandons au garçon de nous servir deux verres en guise d'apéritif.

À la fin du repas, nous décidons de prendre le café dans le coin salon, qui dispose de fauteuils club Chesterfield très moelleux et de tables basses en teck. Nous nous asseyons l'un en face de l'autre. Entre deux gorgées, Angela me dit, à voix très basse, presque chuchotée, simplement portée par des soupirs :

— C'était sympa, hier. Le coup de fil de Falconi, la soirée chez Juliette, l'ambiance, notre conversation dans la pénombre, nos petites vannes, mon épaule contre la tienne… Et quand tu m'as raccompagnée, dans ta voiture de frimeur, moi allongée et toi qui roulais doucement, tout doucement… J'avais les yeux fermés, j'écoutais la musique… doucement, tout doucement, dans la nuit, au bord de la ville éclairée… Et puis tu t'es garé devant chez moi, je t'ai embrassé sur la joue… sur les lèvres, un peu… Et j'ai tremblé, un peu, parce que c'était bon, tellement bon d'embrasser tes lèvres sur cette chanson de Keane… Alors, j'ai pensé… j'ai pensé… à des choses… C'était bien, Katz… mais ça ne se reproduira plus, tu es d'accord ?

5

Fran a insisté. J'ai eu beau faire mon possible pour l'en dissuader, rien n'a infléchi sa décision. Elle m'accompagne à cette rencontre avec Falconi, elle qui n'a toujours pas lu mon manuscrit. Elle m'a promis de s'éclipser après l'avoir salué. Elle veut juste le voir pour de vrai, savoir s'il est comme à la télé.

Nous n'allons pas au zoo, Fran, ai-je protesté en boutonnant ma chemise devant le miroir de la penderie, ce type n'est pas une bête curieuse, est-ce que je t'accompagne quand tu vois tes clients, est-ce que je t'accompagne à ton travail ? Elle a souri en coin et m'a répondu non, mais tu aimerais bien, parfois, hein ? tu aimerais bien me voir, le soir, avec eux, quand je suis de sortie et que tu m'attends bien sagement à la maison, est-ce que j'ai tort ? Est-ce que j'ai tort ? a-t-elle répété sur un ton feutré, en serrant fortement ma queue dans sa main à travers mon pantalon. Puis elle m'a ordonné de me branler debout devant elle pendant qu'elle me racontait dans le détail les jeux auxquels elle se livrait avec ces hommes. Elle aussi s'est caressée. Elle a joui bien avant moi, de façon très expansive. Ses cuisses écartées flageolaient, son bas-ventre était agité de spasmes. Elle a eu besoin de se cramponner à mes épaules pour conserver sa verticale, tandis qu'elle m'implorait de tout avaler. Après quoi elle m'a fait lécher ses doigts. J'ai fermé les yeux et j'ai pensé à Angela.

Falconi m'attend dans le hall d'accueil de la maison d'édition. Fran échange avec lui une poignée de main chaleureuse. Puis elle lui jure qu'elle ne loupe aucune de ses émissions de télé (elle n'en regarde aucune), qu'elle suit scrupuleusement ses conseils de lecture (elle exècre la lecture, elle ne lit jamais, excepté de vieux magazines people que ma mère lui refile), qu'elle prie le ciel pour que des émissions culturelles de cette qualité passent un jour à une heure de grande écoute (elle éprouve pour la culture une sainte horreur et la fuit comme la peste). Elle se déclare finalement assez peu étonnée que mon roman ait suscité son intérêt, à lui, homme de goût et de talent, qui a su y déceler ce qu'elle-même – première lectrice – n'avait pas manqué d'y déceler.

Lorsqu'elle cesse enfin de parler, Falconi lui sourit poliment et me regarde. Je souris à mon tour.

— Fran, ma chérie, je crois que je vais te libérer, je ne voudrais pas abuser de ton temps.

— Oui, bien sûr, bien sûr. Je vous laisse. Monsieur Falconi, je pense que nous aurons bientôt le plaisir de nous revoir.

Elle lui tend la main, me donne un rapide baiser sur la bouche et nous quitte. Falconi appelle l'ascenseur.

— Eh bien, on dirait que vous avez une fan, me dit-il.

— Oui, elle est très, euh… impliquée dans tout ce que je fais.

— Veinard.

— Oui.

Les portes s'ouvrent, nous montons dans la cabine.

— Nous sommes attendus au dernier étage, m'informe Falconi en pressant le bouton.

— Attendus ? Il ne s'agissait pas d'une simple prise de contact entre vous et moi ?

— Si, en effet. Mais les choses sont allées très vite, et Giancarlo Di Battista, le p-dg, ne tient plus en place. Il trépigne à l'idée de vous rencontrer. Maragret aussi, d'ailleurs. La DG. Ce sera moins confortable avec elle. Je vais être franc, elle n'a pas aimé votre livre. Enfin, plus précisément le côté subversif et la fin pessimiste.

— Oui, le livre, en somme. Et donc, je vais rencontrer ces gens ?

— Tout ira bien, je suis avec vous. Restez naturel, vous êtes parfait.

L'ascenseur s'arrête. Je suis Falconi, qui nous annonce à la secrétaire, qui nous annonce par interphone à la direction. Nous patientons à peine, le temps de me laisser réguler ma respiration. Puis une porte s'ouvre sur un vaste bureau à la moquette épaisse et aux canapés que je suppose douillets. Un petit homme au visage radieux nous prie d'entrer.

— Bonjour, cher monsieur, me dit-il en me serrant vivement la main, Giancarlo Di Battista. Comme vous êtes jeune et, euh… tout à fait superbe.

Il me présente la directrice générale, puis décrète que nous nous appellerons tous par nos prénoms. Il a du mal à cacher son excitation, ce qui le rend sautillant et volubile. Il me contemple un instant, de la tête au pied, me tenant à bout de bras par les épaules. Passablement satisfait, il m'invite à m'asseoir. Aussitôt, la secrétaire nous apporte le café. Elle se retire en refermant doucement la porte derrière elle.

— Alors, c'est vous, me lance la DG. C'est vous qui écrivez de telles horreurs. Comment est-ce possible, avec votre visage d'ange ? Hein ? On dirait un petit garçon. D'où vous viennent des idées d'une telle noirceur ?

— Margaret, proteste gentiment Di Battista, laissez-le au moins arriver.

Elle me regarde avec bienveillance et reprend :

— De nous trois, c'est moi qui ai le moins apprécié votre livre. Trop choquant à mon goût. Jusqu'à cette triste fin, mon Dieu. Je suis une vieille dame, voyez-vous, j'ai probablement besoin de choses plus conventionnelles. Mais il faudrait être idiot, tout du moins aveugle, pour ne pas repérer de qualités littéraires à votre texte.

— Entièrement d'accord, intervient Di Battista. Vous allez casser la baraque, mon vieux. Ou alors je n'y comprends plus rien. Et sachez que nous vous soutiendrons. Nous savons, par expérience, qu'il faut du temps pour faire valoir son talent. Nous patienterons avec vous. Quatre, cinq livres… dix livres…

— Je vous recommande d'envisager cette seconde hypothèse, plutôt que d'imaginer « casser la baraque », me dit Margaret. Vous tomberez de moins haut. Giancarlo et Antoine se laissent emporter par leur enthousiasme et leur confiance. Mais ça ne suffit pas toujours. Ni le talent, d'ailleurs, hélas. De quoi vivez-vous ?

— Oh, j'ai renoncé à ma brillante carrière dans l'industrie pharmaceutique pour me consacrer à l'écriture. Actuellement, je perçois des allocations chômage, mais je suis également une formation de correcteur qui s'achève dans cinq mois. Je retourne à l'école, à mon âge.

— Correcteur ? C'est affreusement mal payé. Ce n'est qu'un métier de complément, parfait en plus d'autre chose, mais qui ne nourrit pas son homme…

— Ce qu'il ne vous dit pas, Margaret, la coupe Falconi, c'est que son épouse le supporte ardemment. Et que, elle, n'a pas abandonné son métier, également dans l'industrie pharmaceutique. Un métier qui leur assure des revenus décents.

— Je vois… Plaise au Ciel que votre compagne vous « supporte ardemment » le plus longtemps possible et que les considérations matérielles de ce monde ne vous détournent pas de la route sur laquelle vous vous êtes engagé. Ce serait dommage, vous possédez un talent réel. En ce qui nous concerne, nous vous offrons six mille euros d'à-valoir, ce n'est pas la fortune, n'est-ce pas ? Trois mille dès à présent, trois mille à la remise du manuscrit définitif, c'est-à-dire retravaillé. Enfin, si vous acceptez de signer le contrat que nous vous avons préparé.

— Six mille euros, me signale Di Battista, ça représente une belle somme pour le premier roman d'un auteur totalement inconnu. Il faut y voir de notre part l'assurance que nous croyons profondément en vous. Quant au retravail sur votre manuscrit auquel Margaret fait allusion, il s'agit de trois fois rien. Vous nous avez déjà remis une copie presque impeccable. Antoine vous expliquera, nous en avons débattu ensemble. Il y a juste deux, trois petites choses à resserrer, un soupçon de gras à enlever. Idéalement, nous aimerions publier le livre en avril, ce qui signifie que vous avez un maximum de quatre semaines pour apporter les modifications. Nos délais habituels sont bien plus importants, mais là c'est un cas de force majeure.

Nous prolongeons la conversation quelques minutes. Di Battista se renseigne sur mes projets, il aimerait savoir si j'ai autre chose en préparation. Je lui certifie que je ne suis pas à court d'idées, ce qui le rassure. Puis nous nous disons au revoir.

Falconi me conduit auprès de la secrétaire, afin de récupérer le contrat qu'elle tient à notre disposition. Vous leur avez tapé dans l'œil, me souffle-t-il à l'oreille. Si vous disposez d'encore un peu de temps, discutons dans mon bureau de deux, trois améliorations possibles concernant votre texte. Ça va, tout ça ne vous perturbe pas trop ? C'est assez… grisant, non ?

Grisant, c'est le mot. Je me sens comme en état d'ivresse, dans le métro qui me ramène chez moi après la séance de travail avec Falconi. Ce qui m'arrive me dépasse, les phrases élogieuses entendues à mon propos tournent en boucle dans ma tête, et je me répète que le rêve va s'interrompre, que je vais me réveiller.

À la maison, Fran me saute dessus, elle m'assaille de questions : comment ça s'est passé, qui ai-je vu, ai-je un contrat, quel pourcentage, allons-nous être invités à des cocktails, vais-je passer à la télé, à la radio, dans quelles émissions, quand le livre sort-il, y aura-t-il ma photo sur la couverture, leur ai-je dit que j'écrivais aussi des chansons ? Et tant d'autres questions. Je me contente de lui répondre que j'ai encore un peu de travail et un temps limité pour le faire. Elle me fait

O.K., vas-y.

Je file dans mon bureau, allume la chaîne et mets *Hopes and Fears*. Je me renverse dans mon fauteuil, étends les jambes et pose les pieds sur mon sous-main. Je ferme les yeux sur « Everybody's Changing ».

*

Nous marchons le long du canal. Angela saute littéralement de joie en écoutant mon récit des événements de la veille.

— Bon sang, c'est merveilleux, tu vas être publié. Tu vas être publié.

Nous parvenons sur l'esplanade, où des rollers s'en donnent à cœur joie. Nous nous installons dans un bar aux fauteuils en velours rouge, près du piano demi-queue laqué noir, puis nous commandons deux Despé.

Je lui demande de but en blanc si elle a quelqu'un dans sa vie. Elle me regarde sérieusement un bref instant avant d'éclater de rire, et j'ai la méchante impression qu'elle se fout de moi.

— Qu'y a-t-il de drôle ?

— L'idée. L'idée même que je puisse avoir quelqu'un dans ma vie est drôle.

— Pourquoi ? Je ne vois vraiment pas…

Je laisse ma phrase en suspens, car le garçon, qui tombe mal, choisit ce moment pour apporter les consommations. Il reste planté à notre table et nous précise d'un ton à peine aimable, comme si nous avions pu le deviner, qu'il finit son service et qu'il doit « nous encaisser » maintenant (j'adore cette expression). Je le règle, il s'éclipse.

— Tu crois que c'est à cause de ça ? m'interroge

Angela. Tu crois que je... que je me « refuse » à toi parce que j'ai quelqu'un d'autre ?

— Oui. Pour quelle autre raison ?

— Pour quelle autre raison ? Eh bien, au moins tu ne doutes pas de toi (elle rit de nouveau). C'est bien une réaction masculine...

Oui, j'ai l'énorme défaut d'être un homme, comme un peu moins de la moitié de l'humanité. J'en suis vraiment navré. J'ai l'énorme défaut masculin de dire ce que je pense et d'agir en cohérence avec mes sentiments. Quand une femme me plaît et que j'envisage d'aller plus loin, j'ai l'énorme défaut de ne pas minauder, de ne pas tourner autour du pot, de ne pas faire ma fille.

Angela me prie de l'excuser si elle m'a vexé et regrette la tournure que prend la discussion. Moi pas. Et j'insiste même pour aller jusqu'au bout, ce qui, je le lui fais remarquer au passage, relèverait plutôt d'une attitude féminine. D'habitude, ce sont les femmes qui disent « chéri, il faut qu'on parle », non ? Ça lui arrache un sourire, mais elle redevient rapidement sérieuse, voire grave. Elle cale ses yeux au fond des miens.

Que pourrait-elle me dire pour m'aider à comprendre ses choix, sa volonté de rester seule ? Que sa dernière histoire s'est achevée de façon dramatique ? Qu'elle a failli y laisser sa peau et sa raison ? Que pourrait-elle me dire d'autre ? Qu'elle a aimé un homme, il y a quelques années ? Que cet homme s'appelle Guillaume ? Qu'afin de le retenir elle a tout fait, jusqu'à le piéger, jusqu'à tomber enceinte de lui sans le prévenir de son intention ni se soucier des conséquences ? Qu'il est parti quand même, furieux, écœuré par ses agissements, et qu'il n'a pas accepté de reconnaître cet enfant qu'elle lui avait volé ? Qu'il est parti quand même avec l'autre femme, et que depuis elle n'a plus aucunes nouvelles ? Qu'elle a voulu mourir, qu'elle y a songé sérieusement, mais qu'elle s'est raccrochée au bébé ? Parce qu'il était tout ce qui lui restait de Guillaume, parce qu'il était la seule trace de son passage dans sa vie ? Que pourrait-elle me dire encore ? Qu'il est terrible de constater à quels actes désespérés l'amour peut nous réduire et qu'elle ne veut plus jamais connaître un tel enfer, maintenant qu'elle s'en est sortie ? Que le temps a passé, qu'elle a oublié Guillaume, qu'elle en a guéri et qu'elle a fini par aimer Lou pour ce qu'elle était, et non plus pour ce qu'elle pouvait représenter ? Est-ce bien tout cela que je voulais savoir ? La situation m'apparaît-elle clairement, à présent ?

J'avance mes mains pour saisir celle d'Angela, qui ne peut s'empêcher de retenir quelques larmes silencieuses, à l'évocation de ces tristes souvenirs. Mais elle a un mouvement de recul un peu vif. Une femme, à la table voisine, me jette une œillade meurtrière, visiblement persuadée qu'elle assiste à une scène de rupture et que je me conduis comme un beau salaud. Ambiance. Je me sens tout à coup vachement à l'aise.

— Je comprends, dis-je doucement à Angela. Je comprends tes réticences et ta prudence. Mais pourquoi écarter définitivement les hommes, à ton âge ? Pourquoi t'interdire une nouvelle histoire d'amour ? Tu es si jeune.

— J'ai essayé. J'ai connu d'autres hommes après Guillaume, oh, pas beaucoup, ça m'a suffi pour comprendre que ça se passerait toujours mal. Avec moi, avec Lou. Ce n'est pas sa faute, je ne lui reproche rien. Simplement, elle s'est toujours montrée avec eux ou épouvantable ou exclusive. Elle est tellement en demande d'un père. Ça les a effrayés, et aucune de mes histoires n'a duré très longtemps. Alors, pour nous protéger, elle et moi, je ne tiens plus à m'engager avec qui que ce soit.

— Tu n'as pas rencontré les bons. Moi je…

— Toi tu quoi ? Qu'est-ce que tu proposes ? Regarde-nous. Regarde-toi. J'ai juste l'impression que tu te sers de moi pour te libérer de ta femme (son ton a monté d'un cran, et elle se veut blessante). Comme si tu t'étais fixé ce but et que je te donnais simplement du cœur à l'ouvrage. Seulement, la vérité c'est qu'elle te tient encore, que tu ne parviens pas à t'en défaire, que tu aimerais bien, mais qu'elle t'a marqué au fer rouge. Alors s'il te plaît, laisse-moi en dehors de vos histoires et débrouille-toi comme un grand. Je n'ai pas besoin de ce genre de complications.

Marqué au fer rouge. L'expression me projette à mon tour dans le passé, à l'époque où Fran et moi étions à la fac, avec Gwen, Karima, Myriam et Paul-Henri ; la petite bande, perdue de vue depuis.

Une année, pour fêter la fin des partiels, Gwen a organisé une soirée chez elle, au cours de laquelle Fran et moi devions « concrétiser ». Nous nous livrions à une parade nuptiale depuis quelques semaines, et l'heure avait sonné de passer aux choses sérieuses.

Lorsque le premier slow est arrivé, j'étais au buffet avec Paul-Henri. Nous allions chercher des cocktails pour les filles. De loin, j'ai vu Florient – un étudiant bodybuildé, au QI plus bas que le niveau de la mer, et qui avait des vues sur Fran – se diriger vers elle et lui parler à l'oreille. Elle a hésité avant de lui répondre, a lancé un coup d'œil vers moi en prenant un air désolé et l'a suivi sur la piste. J'ai cru rêver quand ils se sont mis à danser. J'ai cru m'effondrer quand ils se sont embrassés longuement sur la bouche, très clairement avec la langue, Florient pressant légèrement les fesses de Fran, et elle, non contente de laisser faire, appuyant son sexe contre celui de son cavalier. Mais qu'est-ce qu'elle fout ? m'a soufflé Paul-Henri, c'est une vraie salope… excuse-moi, mais c'est une vraie salope. Je n'ai pas répliqué. Je fixais le couple improbable qui s'échauffait en dansant, dans l'espoir d'accrocher le regard de Fran. Je voulais voir son visage à cet instant. Mais la chanson s'est achevée, et tous deux ont quitté le salon. J'ai descendu cul sec les deux verres que j'avais remplis.

Paul-Henri et moi étions restés scotchés au buffet durant toute la scène. Les filles nous y ont retrouvés. Karima m'a dit tiens le coup, surtout tiens le coup, ne montre rien, ça va la rendre folle. Gwen a annoncé putain, ils sont dans ma chambre, je vais quand même pas leur balancer un saut d'eau. Myriam lui a fait signe de se taire en me désignant d'un mouvement de tête. Je me suis resservi un verre, que j'ai vidé d'un trait comme les deux précédents. Arrête de picoler, m'a conseillé Gwen, ça n'arrangera rien. J'ai rempli un quatrième verre. Bon, allez vous amuser, a dit Pierre-Henri aux filles, je m'occupe de lui.

J'ignore combien de ces saloperies à base de rhum et de fruits exotiques j'ai ingurgitées, mais j'évoluais déjà dans une épaisse brume éthylique quand Florient est venu prendre congé de nous. Paul-Henri m'a remis d'aplomb d'une forte poussée dans le dos, car j'ai dangereusement tangué en arrière, manquant m'aplatir dans le saladier de punch. Fran est alors apparue dans mon champ de vision, marchant à ma rencontre. Sois fort, mon pote, m'a chuchoté Paul-Henri, sois fort, tu t'écrouleras après son départ si tu veux. Fran s'est postée face à moi, et Florient lui a lancé je t'attends. Puis il s'est placé un peu en retrait. Fran m'a dit bon, j'y vais. Elle a pris ma main et a remarqué qu'elle était gelée. Elle a voulu toucher mon visage. Je me suis reculé. Je lui ai demandé Fran, pourquoi as-tu fait ça, tu trouves ce mec tellement stupide d'habitude ? Elle s'est hissée sur la pointe des pieds, a approché ses lèvres de mon oreille et, d'une voix caressante, a murmuré mais… pour te marquer au fer rouge. Puis elle s'en est allée après avoir salué Paul-Henri. Tandis qu'elle s'éloignait, quelqu'un a passé un disque de U2. *With or without you / With or without you / I can't live / With or without you.*

J'ignorais si elle m'avait marqué au fer rouge, comme elle le prétendait, mais elle avait assurément planté ses crocs. Et cet épisode que me rappelle involontairement Angela en employant les mêmes mots – « marqué au fer rouge » –, une quinzaine d'années plus tard, assombrit tout à coup mon humeur.

— Ne sois pas méchante, lui dis-je. Tu as souffert avec Guillaume, comme tout le monde a déjà souffert avec quelqu'un au moins une fois dans sa vie. Nous sommes attirés l'un par l'autre, ce n'est pas un drame. Nous ne pouvons pas le contrôler. Comment le contrôler ? Comment s'empêcher d'aimer quelqu'un ?

Angela avale sa gorgée de travers. Elle tousse et se pince les narines, par où le gaz de la pression est remonté. Puis elle se tape le torse avec le plat de la main.

— Aimer quelqu'un ? articule-t-elle enfin. Mais je ne sais pas s'il est question d'amour.

— Je t'en prie, nous n'en sommes plus là.

— Mais si. J'en suis là. J'ignore s'il est question d'amour entre nous. Pourquoi ne serait-ce pas purement physique, après tout ? Non, c'est vrai, pourquoi pas ? Ou chimique ? Scientifiquement, le coup de foudre s'explique parfaitement.

— Oh, merde, j'y ai déjà pensé, figure-toi. Une histoire de phéromones, oui, j'y ai déjà pensé. Si c'est ça, si ce n'est que de la chimie, alors alléluia, couchons ensemble et oublions. Laissons se produire la réaction chimique, ensuite nous serons débarrassés. Personne n'en saura rien.

— Toujours à faire le malin, hein (elle secoue la tête) ? Mais je te le répète, je ne t'aime pas. Je ne suis pas amoureuse de toi. Je t'aime bien, c'est vrai, mais je ne vais certainement pas renoncer à ma tranquillité pour une tocade.

— Je… Angela… Une tocade ? Je ne suis qu'une tocade, pour toi ?

Elle se lève et me plante là. Je la regarde partir. Je n'ai pas souvenir de m'être déjà senti aussi désemparé ni aussi minable. Et cette douleur. Cette douleur dans la poitrine, avec mon cœur en charpie. Avec mon envie de pleurer que je dois contenir pour ne pas me donner en spectacle devant tout le monde.

*

Une fois de plus, Fran a un dîner, et Sofian est en déplacement professionnel. Alors Kate nous a organisé une soirée mojito spaghettis bolognaise. Elle m'a confié le marteau et le tournevis, et je pile des glaçons dans l'évier de la cuisine tout en soupirant.

— Ne tire pas cette tête, me dit-elle, je te garantis que c'est mieux ainsi, ça te permettra de te concentrer sur ton livre. Ça avance bien avec Falconi, au moins ?

— Oui, nous serons prêts dans les temps. Tu sais, je n'arrive toujours pas à comprendre ce qui m'arrive, tu as été formidable.

— C'est ton manuscrit qui est formidable, moi je n'ai été qu'une intermédiaire.

Elle mélange le liquide et la glace dans un grand verre doseur qu'elle agite comme un shaker et nous sert. Nous goûtons en même temps. Elle fait claquer sa langue.

— Alors ?

— Attends… (je goûte de nouveau) ah, oui… là, c'est… c'est… absolument… infect. Le pire que tu m'aies obligé à boire.

— C'est désespérant, je n'y arriverai jamais.

Les enfants ont fini de manger. Ils sont déjà en pyjama et viennent nous demander la permission d'aller jouer dans les chambres. Allez-y, dit Kate, et au lit de bonne heure, il y a école, demain. Sitôt que nous nous retrouvons en tête-à-tête au salon, elle me lance :

— Encore tous seuls tous les deux, hein ? Les absences de Sofian me pèsent. Je ne les supporte plus.

— Moi ce sont les retours de Fran que je ne supporte plus. Je préfère ses absences.

— Où en êtes-vous ?

— Au milieu de nulle part. Où veux-tu que nous en soyons ? Oh, bien sûr, ma cote de popularité a sacrément remonté depuis qu'elle sait que je vais être édité. Mais je n'arrive pas à me sortir Angela du crâne. Ça ne se commande pas. Je suis malheureux, Kate. Je souffre en permanence, du matin au soir. Je ne tiens plus debout que pour Nino…

— Et pour ton examen, Katz, pour ce putain d'examen que tu vas décrocher. C'est bien de penser à ton fils, mais pense aussi à toi, à la vie que tu as choisi de mener. Ne flanche pas maintenant. Je t'admire pour ce que tu fais, pour tes choix. Combien de personnes restent-elles fidèles à leurs idéaux, combien se donnent-elles les moyens de vivre en accord avec elles-mêmes ? Tu bosses toujours tes cours avec sérieux ?

— Je l'aime, ça absorbe toute mon énergie, toute ma disponibilité. Je n'ai plus de force pour autre chose. Et ce gâchis me tue. Je sais qu'elle m'aime aussi, quoi qu'elle en dise. Il y a ce truc incroyable entre nous, presque palpable. Si tu nous voyais, Kate, si tu nous voyais ensemble… Pourquoi ne se rend-elle pas à cette évidence ?

— Parce que se rendre à cette évidence et en assumer les conséquences nécessite un sacré courage. Peux-tu comprendre que tout le monde ne possède pas ton courage ni ta volonté ? Mais ressaisis-toi, je t'en conjure. Les priorités, c'est ton roman et tes examens. Le reste, tu t'en occuperas après.

— Comme si c'était possible…

Je descends mon mojito en grimaçant. Ça ne m'empêche pas de m'en resservir un. Kate, pour sa part, en reste là. Si tu as l'intention de te soûler, dit-elle, je vais te chercher une couette pour le convertible.

Lorsque je me réveille, le lendemain matin, je ne me

souviens pas de m'être déshabillé, ni de m'être couché, ni à quelle heure. La présence silencieuse de Kate me surprend. Elle boit tranquillement un café, au salon, en m'observant. Je lui lance un bonjour embrumé. Elle répond par un hochement de tête puis m'annonce qu'il y a du café tout chaud pour moi. Je la remercie et lui signale que j'aimerais m'habiller, ce qui va m'obliger à m'extraire du lit nu.

Elle se lève pour récupérer une petite pile de vêtements, soigneusement pliés sur une chaise. Dans un sourire, elle les pose sur ma couette et passe rapidement sa main dans mes cheveux. Elle dit voilà, tu n'as plus besoin de chercher. Puis elle va s'isoler dans la cuisine pendant que je m'habille. Quand je lui avoue n'avoir aucun souvenir de m'être déshabillé, la veille, ni d'avoir plié mes vêtements de la sorte, elle répond c'est normal, tu ne t'es pas déshabillé et tu n'as pas plié tes fringues. Je ne trouve rien à répondre. Je finis par bredouiller un vague excuse-moi, à quoi elle réplique j'ai parfois l'impression d'être ta mère. Les enfants déboulent. Nino avale son petit déjeuner en quatrième vitesse, j'embrasse Kate et nous rentrons à la maison.

Je ne suis pas certain d'avoir dessoûlé en arrivant au centre de formation. Mais heureusement, aujourd'hui est jour de relâche ; l'un de ces vendredis *off* où nous nous retrouvons tous autour d'un buffet, que nous dressons dès la fin de matinée. Dans cette auberge espagnole, chacun apporte ce qu'il veut, et on complète avec l'argent de la cagnotte.

J'aperçois Angela, en discussion avec Natty. Nous ne nous sommes toujours pas reparlé depuis notre engueulade. Je reste à l'écart et me sers un verre. Elle s'approche de moi en me lançant un regard un peu triste. Puis elle baisse les yeux, me donne un léger coup d'épaule et murmure :

— Dis-moi quelque chose.

Je sors un CD de ma sacoche.

— Tiens, c'est pour toi, c'est ma maquette. Je voulais te la remettre, la dernière fois…

Elle la prend, lit les titres au dos du boîtier et va glisser le CD dans son sac. Ensuite, elle revient me confier son verre et entreprend de nous servir deux assiettes au buffet.

Nous posons nos fesses sur le rebord d'une table, côte à côte. Nos hanches se calent l'une contre l'autre. La chaleur de sa peau diffuse à travers ma chemise. Elle garde la tête baissée dans son assiette. Je ne la regarde pas non plus. Ce n'est pas rien, cette chaleur, entre nous. Ne la sent-elle pas ?

— Fran et Nino partent une semaine en février, lui dis-je. J'aimerais en profiter pour organiser une fête. J'invite tout le monde. Tu viendras ?

— Oui. Et toi, en attendant, tu viens prendre le petit déjeuner chez moi, demain ? J'emmène Lou à l'école vers huit heures vingt, je t'attends à la maison pour la demie ?

Le lendemain, sitôt que j'ai posé un pied sur le pas de sa porte, elle se pend à mon cou et me dit j'ai écouté ta maquette, j'aime tout, ta voix, les mélodies, les textes, les arrangements, enfin tout, quoi, tu es vraiment un drôle de p'tit con. Elle me tire à l'intérieur par le col de mon manteau. Eh bien, entre, ne reste pas là comme un couillon. D'un coup de fesse, elle referme la porte derrière nous.

C'est reparti comme en quatorze, ce qui semble la

ravir. En ce qui me concerne, j'ignore si je pourrais me satisfaire de cette relation purement amicale encore bien longtemps. À la longue, tout ça ne risque-t-il pas de me faire plus de mal que de bien ? D'autant que cette chose s'installe de nouveau entre nous, cette chose qui s'est matérialisée hier par une onde de chaleur, lorsque nos hanches se sont effleurées, et qui se manifeste en cet instant par une densité de l'air supérieure à la normale, là, dans ce salon où nous ne faisons rien d'autre que d'être en présence l'un de l'autre. Une sorte de poids délicieusement écrasant, une aimantation qui tend à nous coller l'un à l'autre, quelque résistance que nous y opposions. Une force à laquelle, en définitive, il est voluptueux de céder.

Angela met *Everybody's Changing*, et l'air s'épaissit un peu plus. J'ai maintenant l'impression d'évoluer dans un plasma invisible qui ralentit tous mes gestes pour mieux les orienter dans une direction unique. Elle soupire c'est incroyable. Je lui demande qu'est-ce qui est incroyable ? Elle répond ce truc dans l'air, dès que nous sommes en présence l'un de l'autre, tu ne sens rien ?

*

Fran n'apprécie pas que j'invite du monde à la maison en son absence. Je ne connais pas ces gens, proteste-t-elle, ils ont beau être tes… camarades de classe – à votre âge, je te jure qu'il y a de quoi rire –, ce ne sont que des étrangers pour moi, après tout. Ça ne me plaît pas beaucoup.

Je la laisse parler, mais le jour même de son départ, dès le samedi midi, la maison se remplit. Tout le monde a répondu présent. Les invités sonnent à la porte par petits groupes, excepté Martial, qui arrive seul. Il a effectué le trajet en rollers depuis le diable vauvert. Il me dit j'ai besoin de récupérer cinq minutes. Il s'écroule dans le canapé et s'endort.

Angela arrive en compagnie de Natty et Anna. Je l'attends sur le perron, figé, m'interdisant de faire le moindre geste. Si je bougeais, ce serait pour courir à sa rencontre, la prendre dans mes bras, la soulever de terre et la couvrir de baisers. Alors je la regarde simplement entrer chez moi, tandis que les vantaux du portail électrique se referment derrière elle. Elle gravit lentement les marches jusqu'à ma hauteur. Quand nous nous tenons face à face, l'air autour de nous s'est de nouveau densifié, il a atteint cette consistance plasmatique que nous lui connaissons bien maintenant. Nous nous regardons en silence. Puis elle tend son cou pour m'embrasser. Je lui offre ma joue. Elle y pose doucement ses lèvres. Après quoi elle lève les yeux vers un spectre invisible qui flotterait au-dessus de nous et soupire c'est là, non ? J'acquiesce d'un hochement de tête. Elle ajoute il faudrait quand même qu'on mette un nom sur cette chose. J'en ai bien un à lui proposer, mais la dernière fois ça l'a mise hors d'elle.

Je tâche d'être aux petits soins pour tout le monde, je m'active, je papillonne, je m'affaire. Dans l'après-midi, Angela me recommande de lever un peu le pied. Tu n'arrêtes pas, tu cours partout, souffle une minute, mange un bout, bois un verre… avec moi… nous n'avons pas encore échangé un mot, les gens peuvent se servir, laisse-les faire, profite. Elle tient deux Despé à la main et me demande de la suivre cinq minutes dehors. Par la baie vitrée, nous sortons dans le jardin, sous les rayons d'un beau soleil d'hiver que nous accorde une météo clémente. Nous entrechoquons nos bouteilles et buvons au goulot. J'aime son rire, à cet instant, et le regard que nous échangeons. Et ce truc dans l'air qui plane toujours sur nos têtes. Et la chaleur qui irradie en nous dès que nos peaux se touchent. Et aussi cette ivresse qui commence à me gagner et contre laquelle je ne me débattrai pas. Elle n'est pas due à l'alcool. Et je compte employer tous les moyens pour perdre le contrôle, et je lis dans les yeux d'Angela qu'elle se trouve dans le même état d'esprit. Je ne veux plus rien maîtriser. Déjà, la réalité m'apparaît comme un lointain souvenir.

Au fil de la journée, certains – je ne sais pas qui – me disent au revoir, à intervalles plus ou moins réguliers. À la nuit tombée, il ne reste plus grand monde. Un vent frais pénètre dans la maison, et je m'apprête à refermer la baie, qu'un étourdi aura laissée ouverte. Mais j'entends du bruit derrière la haie de thuyas. C'est Juliette, accroupie, en train de pisser, avec Natacha qui fait le guet. Je lui crie hé, tu vas attraper la mort, on s'enrhume aussi par là, tu sais. T'inquiète, répond-elle, je suis une fille de la nature, j'adore pisser dans l'herbe. Ouais, précise Natacha, surtout quand tu es défoncée et que tu as picolé comme un trou. Juliette pousse un hurlement qui déchire la nuit. Le chien vient de rappliquer pour lui lécher le cul et pisser par-dessus son urine afin de réaffirmer sa dominance territoriale. Je décide de me mettre au chaud.

À l'intérieur, Guilain, Nico, Hubert et Alex carburent à la Leffe. Angela, dans le canapé, me réclame de la musique. Je passe *Everybody's Changing*. Quel petit con, soupire-t-elle en se renversant sur l'accoudoir, un sourire aux lèvres. Je la rejoins, une Leffe dans chaque main. Elle murmure je suis bien et caresse mes doigts en prenant sa bière.

Natacha vient nous annoncer que Juliette refuse de rentrer, qu'elle est toujours le cul dans l'herbe, à verser maintenant toutes les larmes de son corps. Elle s'est fait larguer récemment, précise Natacha, elle aurait besoin de réconfort. Angela pose sa bouteille sur la table basse et se lève pour tenter de faire entendre raison à Juliette. Elle estime qu'une pneumonie n'arrangerait en rien ses affaires. Elle fait coulisser la baie vitrée et disparaît dans le jardin, happée par l'obscurité. Alex me dit tu n'as pas autre chose de moins variété ? Je fouille dans mes CD et choisis Bashung, *Fantaisie militaire*.

Angela et Juliette nous rejoignent enfin. Qu'est-ce qu'on boit ? demande Natacha. Je sors une fine armagnac de 1962 et lui sers un verre. Elle fredonne les paroles par-dessus la voix de Bashung. Sur *Aucun express,* elle danse au milieu du salon en ondulant sans lâcher son verre… *Aucun Walhalla ne vaut le détour… J'ai longé ton corps/Épousé ses méandres…* Juliette me coince dans la cuisine, où je suis allé chercher des munitions. Elle m'accule contre le plan de travail, se plaque contre moi en me malaxant la queue à travers le jean et essaie de me fourrer sa langue dans la bouche. Ça devient très compliqué pour moi. Guilain la décolle en lui disant non, Juliette, pas lui, il est déjà pris, c'est pas le bon. Eh merde, proteste-t-elle, fait chier…

Alex déclare au nom du groupe qu'il est temps pour

eux de partir. Je leur dis écoutez, je ne crois pas qu'il y ait encore des métros, à cette heure. Ils répondent qu'ils prendront le taxi. Ils enfilent leurs manteaux et s'en vont.

Nous voilà seuls, Angela et moi. Il faudrait qu'on éponge l'alcool, non ? suggère-t-elle. Je réchauffe quelques parts de pizza au micro-ondes et les apporte sur la table basse avec deux assiettes et des couverts. Puis je baisse l'éclairage de l'halogène, allume des bougies et mets *Watermark*, d'Enya. Dès les premiers arpèges de piano, Angela, alanguie dans le canapé, sourit et murmure je te vois venir. Je m'assieds dans le fauteuil voisin. Son bras pend légèrement dans le vide. Je tends le mien et caresse le dessus de sa main, puis l'intérieur de son avant-bras, le long d'une veine qui remonte jusqu'à la pliure du coude. Elle ferme les yeux. La chaleur nous enveloppe. *Watermark* s'élève dans l'air plasmatique qui nous pousse l'un vers l'autre. Et sur ces notes, à la lueur des bougies, nos lèvres se rencontrent, elles s'appesantissent l'une sur l'autre, mollement, avant de s'éloigner un peu pour se frôler. Nos langues se touchent, effleurent nos lèvres. Et mon portable se met à sonner. Allô, c'est Alex, désolé mais euh, tu avais raison pour les métros, on est comme des cons à se peler dehors, et il n'y a pas un taxi qui veuille nous prendre, on peut revenir ?

Aux grands maux les grands remèdes. Je débouche une bouteille de champagne. Tous les huit autour du bar, nous levons nos coupes sur l'unplugged des Corrs. Nous descendons tranquillement deux bouteilles avant d'envisager une retraite dans les chambres. Je m'aperçois alors seulement que Juliette et Nico ont disparu. Ils sont dans le jardin, m'informe

Natacha. Je jette un œil par la baie vitrée. Ils vont tomber malades, par ce froid. Je te parie qu'ils ne sentent plus le froid, affirme Hubert. Puis il les prévient que tout le monde va se coucher.

Angela aimerait savoir si je me sens en état de la reconduire chez elle. Elle me confie à voix basse qu'il y a trop de monde, qu'elle n'est pas à l'aise et que ça lui apprendra à dire une chose et faire son contraire, si je comprends bien l'allusion. Je lui assure que je comprends, parfaitement même, et empoche mes clés de voiture. J'ajoute tout de même que ça ne m'aurait pas dérangé, moi, que dans ce cas bien précis elle fasse le contraire de ce qu'elle avait dit. Tu ne lâches rien, murmure-t-elle dans un sourire, un vrai pitbull.

J'avais envisagé que quelques-uns passeraient la nuit à la maison. J'ai donc préparé les chambres en conséquence. Dans celle de Nino, un matelas double emprunté au canapé-lit du bureau de Fran, et posé au sol, peut accueillir Juliette et Nico. Je prête ma propre chambre à Natacha et Guilain, et la chambre d'amis à Alex et Hubert. Et toi ? questionne Alex. Oh, je dormirai dans le canapé, au salon, ne m'attendez pas, je raccompagne Angela.

Lorsque nous arrivons à la voiture, elle se plaint d'avoir mal au cœur. Je ne vais pas très bien, Katz, je crois que j'ai beaucoup trop bu, j'ai peur d'être malade durant le trajet. Elle me prend la main. Il vaut mieux que je dorme ici, je suis incapable de faire toute cette route. Désolée d'être aussi chiante.

Nous regagnons le salon, où Alex s'est finalement couché dans le canapé avec le chien, et Hubert dans les deux fauteuils mis bout à bout, avec le chat. J'aide Angela à monter dans la chambre d'amis et lui prépare un citrate de bétaïne, qu'elle avale en grimaçant. Elle frissonne.

À pas de loup, je vais dans ma chambre lui chercher un tee-shirt. Natacha est allongée sur le ventre, la couette descendue jusqu'à la naissance des fesses. Guilain ronfle comme un bienheureux, un bras en travers de ses reins. Je prends garde de ne pas les réveiller.

De retour dans la chambre d'amis, je tends le tee-shirt à Angela.

— Tiens, enfile ça et glisse-toi sous la couette. Je vais dormir dans mon bureau.

— Par terre ?

— Oui, enroulé dans un duvet.

— Ne sois pas idiot, reste. Ça ne me dérange pas, c'est surtout toi qui risques d'être dérangé si je suis malade.

— Dans ce cas, je préfère ne pas te laisser seule.

Je lui tourne le dos, le temps qu'elle se change, puis j'éteins la lumière pour me mettre en caleçon. J'ai froid, murmure-t-elle, je peux me serrer contre toi ? Je lui ouvre mes bras, elle vient s'y blottir, la tempe entre mon épaule et mon cou. Dans un soupir, elle dit bonne nuit. Elle ne tarde guère à s'endormir. Moi je reste éveillé, à l'écouter respirer, à l'entendre parler parfois sans saisir ses propos, à sentir son corps se réchauffer au contact du mien, à me demander ce que l'avenir nous réserve. Puis je finis par trouver le sommeil.

Nous nous réveillons comme nous nous sommes endormis, dans les bras l'un de l'autre. Nous nous sourions, et j'ai une furieuse envie d'investir sa bouche avec ma langue.

— Merci, chuchote-t-elle.

— Mais de quoi ?

— De ne pas m'avoir touchée, cette nuit. Je me serais laissé faire… mais je t'en aurais voulu à mort aujourd'hui.

Bon, je remballe ma furieuse envie ainsi que ma langue dans ma bouche. Puis je me lève, ouvre la porte de la chambre et tends l'oreille. Silence complet dans la maison. Ma chambre et celle de Nino sont désertes. Je descends au salon. Le chien, toujours dans le canapé, remue la queue en m'apercevant. Le chat, en boule dans l'un des deux fauteuils, ne réagit pas. Alex et Hubert ont quitté les lieux également. Sur la table de la salle à manger, les pensionnaires de cette nuit ont laissé un mot de remerciement. Angela apparaît en haut de l'escalier.

— Tu me ramènes ?

Rude journée en perspective.

6

Ta façon de tirer un trait sur nous pour ton seul petit confort m'écœure. Tu ne voulais pas en arriver là ? Mais il ne fallait rien faire, alors. Et jusqu'à preuve du contraire, je ne t'ai pas violée.

Fidèles à notre itinéraire, devenu habituel, de presque vieux couple qui n'est pourtant même pas un jeune couple, nous flânons encore le long du canal. Il fait froid et sec, mais ce lundi après-midi radieux nous offre un ciel totalement dépourvu de nuages.

Angela a envoyé Lou chez ses parents pour cette première partie des congés scolaires, et Fran rentre également en fin de semaine avec Nino. Malgré ça, c'est nous qui avons le sentiment d'être en vacances, expédiés en colo et libérés de toute surveillance parentale.

En début de soirée, nos pas nous mènent dans ce bar où nous avons désormais pris nos marques, en face de la géode. Nous nous installons dans notre coin de prédilection, près du demi-queue. Le pianiste joue *La Javanaise*. Puis il annonce sa pause. Nous commandons deux Despé, que le serveur nous apporte rapidement. En attendant la reprise du set, le gérant allume la radio, et les enceintes au-dessus de nous diffusent *Everybody's Changing*.

Un peu plus tard, Angela m'entraîne dans un restaurant indien dont elle m'a souvent parlé mais dans lequel nous n'avons pas encore eu l'occasion de dîner. Puis je la raccompagne chez elle. J'entre cinq minutes, le temps de boire un dernier café. Elle ne me le prépare pas, finalement.

Au lieu de ça, elle se jette sur moi. Au moment où moi-même je me jette sur elle. Nous nous heurtons avec violence, comme si nous luttions ; elle, contre la force qui la tenait sur sa réserve jusqu'alors ; moi, contre ses dernières défenses. Oui, je crois que c'est ça, nous nous lançons tous deux dans un assaut, dans un combat amoureux. Un vrai combat. Physique. Elle m'empoigne par mon col de chemise et m'entraîne dans l'escalier qui monte à sa chambre. Là, nous nous déshabillons sans perdre de temps. Elle s'adosse au mur. Je plaque mon torse sur sa poitrine, mon ventre sur le sien. Un feu inextinguible nous brûle entre chair et peau. Nos langues se mêlent, Angela mordille mes lèvres avant qu'elles ne frôlent son cou. Ses soupirs se perdent dans mon oreille. Je remonte pour les avaler, pour m'enivrer de son souffle. J'avale les soupirs que le désir lui arrache, tout en caressant ses seins aux pointes déjà durcies, ses hanches, ses fesses. Je passe un doigt sur son sexe. Il s'ouvre aussitôt et s'humidifie abondamment. Je m'agenouille entre ses cuisses. Elle reste en appui contre le mur, sur une jambe, l'autre passée sur mon épaule, pesant de tout son poids car elle s'abandonne complètement. Je commence par stimuler son clitoris avec le bout de ma langue. Elle cesse de soupirer pour se mettre à gémir. Ses hanches vont et viennent, à la recherche du plaisir. Je la saisis à pleines mains par les fesses et enfonce ma langue dans sa vulve. Je l'agite nerveusement puis la ressors pour lécher de nouveau son clitoris. J'alterne ainsi un moment. Angela ne tient plus en place, elle donne de tels coups de reins que son dos glisse contre le mur. Elle s'accroche à ma nuque, mais je sens que nous allons bientôt nous effondrer au sol. Je me relève et la porte sur le lit. Elle s'étend sur le dos. J'écarte doucement ses jambes et enfonce un doigt dans son sexe, sans quitter son visage du regard. Elle me regarde aussi et gémit les yeux ouverts. J'enfonce encore un doigt. Elle gémit de plus belle, et je me précipite sur sa bouche pour avaler une fois encore ses gémissements et ses paroles. Elle serre mon poignet et imprime elle-même le mouvement de mes doigts dans sa vulve. Après quelques allers-retours, elle jouit dans une longue plainte que j'avale tout entière. Nous sommes en sueur. Nos cheveux sont collés sur nos tempes. Angela pose une main sur mon sexe. Je constate alors seulement que je ne bande pas. Elle lubrifie son index avec la cyprine qu'elle récupère entre ses lèvres et le passe en petits cercles sur mon urètre, puis le fait coulisser le long de mon frein. Ça ne provoque aucune réaction. Elle me caresse encore un peu, mais ma queue reste désespérément molle. Alors je prends Angela par les hanches et la fais remonter au-dessus de mon visage, en face-sitting, tournée vers le mur. Je lèche son sexe avec application, écarte ses fesses et y insinue un doigt. Rapidement, ses ongles griffent le mur à la recherche d'une prise inexistante, et elle connaît un nouvel orgasme puissant. Elle se laisse retomber sans plus de forces à mes côtés. Elle cale son visage contre mon cou, de manière à respirer ma peau. Elle inspire profondément tandis que je caresse ses cheveux, puis s'endort au bout de quelques minutes.

Les yeux grands ouverts, moi je m'interroge sur ce

qui a bien pu m'arriver. Sur ma panne. Ma sexualité se limiterait-elle, dorénavant, à celle que je pratique avec Fran ? Aurais-je besoin de ça, et uniquement de ça, pour bander ? Serait-ce la seule condition ? Depuis combien de temps, au fond, n'ai-je pas eu d'autres rapports que ceux-là ? Il y a si longtemps que Fran maltraite mon corps et mes désirs, si longtemps que je l'accepte, si longtemps que j'ai renoncé à moi. Ai-je perdu l'habitude qu'on se préoccupe de mon plaisir, qu'on se montre attentif à mes envies ?

Angela respire paisiblement dans mes bras. Je me mets à pleurer en silence. Bientôt, les larmes me submergent, alors je mords le drap pour étouffer mes sanglots.

Le soir suivant, ma queue, de nouveau, reste inerte sous les caresses d'Angela. Elle me demande si le problème vient d'elle.

— Non, ce n'est pas toi. Je ne sais pas ce qui m'arrive. Je suis vraiment désolé.

— Vous en faites toujours une maladie, les garçons, mais ce n'est pas grave, je t'assure. Tu sais, dormir, c'est bien aussi. Ça veut juste dire qu'on est crevés toi et moi, et qu'un peu de repos ne nous fera pas de mal.

Nous passons la fin de la semaine à nous comporter comme deux adolescents attardés. Nous passons la fin de la semaine, la majeure partie du temps, enfermés dans la chambre, à rester vautrés en travers du lit tout en écoutant de la pop anglaise sur un lecteur mp3 dont nous partageons les oreillettes, à parler des heures durant, à nous nourrir n'importe comment et à nous endormir finalement, l'un à côté de l'autre, nus mais dans l'incapacité pour moi d'avoir la moindre érection. Nous passons la fin de la semaine à croire que cinq jours peuvent durer l'éternité. Et nous nous blottissons dans les bras l'un de l'autre toute la nuit du vendredi au samedi, nous soupirant des mots doux à l'oreille, la peur au ventre, sachant qu'il faudra nous séparer au matin pour retourner à l'autre vie, à notre vie d'avant, et ne possédant pas la moindre idée sur l'avenir.

Nous nous quittons le samedi matin sans concertation aucune, sans avoir échafaudé de plans ni de projets. Avec la seule certitude que nous nous retrouverons dans neuf jours, le lundi de la reprise, à l'école. J'ai proposé à Angela de nous revoir d'ici là, mais elle récupère sa fille, moi mon fils, et nous sommes censés nous occuper de nos enfants durant cette seconde semaine de congés. Par ailleurs, Angela estime inutile de brusquer les choses… et les êtres. Rien ne presse, selon elle. Nous avons vécu toutes ces années l'un sans l'autre, nous pourrons bien patienter encore une semaine, sans impliquer les enfants dans une histoire d'adultes.

Je retourne chez moi sur ces bonnes paroles. Fran rentre dans le milieu de l'après-midi. Si Nino se jette dans mes bras, elle me salue à peine et tire la tête des mauvais jours. Le ton est donné. La semaine à venir s'annonce épouvantable, entre la mauvaise humeur de Fran et l'absence d'Angela.

J'ai besoin de lui parler, de la voir. Mais puisque c'est impossible, nous nous contentons de chatter et de nous téléphoner en cachette, comme deux collégiens privés de sortie. Régression totale.

J'essaie de profiter de cette période de repos pour réfléchir à mon nouveau roman, mais c'est surtout à ma vie que je réfléchis, assis de longues heures devant ma page blanche informatique.

En imprimerie, on appelle « épreuve » la copie d'un texte déjà mis en page et en forme, mais que l'on peut modifier encore autant de fois qu'on le souhaite jusqu'à ce qu'il donne entière satisfaction et aboutisse ainsi à la version définitive, au « bon à tirer » qui déclenchera l'impression. En ces instants de méditation que je traverse, ma vie m'apparaît plus que jamais comme un jeu d'épreuves que je peaufine, que je corrige – après tout, ce sera mon métier d'ici peu – pour tendre vers quelque chose de plus conforme à mes attentes, de plus conforme à la vision que j'avais de moi adulte lorsque j'étais plus jeune et à la façon dont je voulais évoluer dans le temps.

Je ne regrette pas ce que j'ai fait jusqu'à présent, je ne rejette pas tout en bloc, loin de là. Je ne renie même pas la majeure partie de ma vie avec Fran. J'ai aimé l'aimer, j'ai aimé partager presque toutes ces années avec elle, j'ai aimé faire un enfant avec elle. Mais je sens aussi qu'une page se tourne et que je dois poursuivre sans elle avant que nous nous abîmions trop l'un l'autre et qu'il nous soit impossible de nous sauver. Je dois trouver le temps et les mots pour lui expliquer où j'en suis rendu de mon parcours, et donc où nous en sommes rendus de notre parcours. Je dois cesser de l'entretenir dans l'illusion d'un mieux hypothétique entre nous.

Un incident précipite les événements. Un incident qu'ordinairement j'aurais considéré comme anodin devient, en ces circonstances, la goutte d'eau qui fait déborder le vase.

Cet incident survient à la toute fin des congés, à la toute fin de ma période de réflexion, et peut-être faut-il y déceler un signe, un coup de pouce du destin. Le dimanche après-midi, Fran découvre un gobelet en plastique – vestige de la fête du week-end dernier – dans le jardin, sous un massif de plantes. Entre deux doigts, elle l'agite sous mes yeux. Toi qui prétendais que tes amis étaient des gens propres et responsables, tu ne trouves pas qu'ils ont transformé ma maison en porcherie ? Je souris à Nino, préférant ne rien répondre à sa mère. Jusqu'au soir, je ronge mon frein, et l'attente me paraît interminable.

Je vais mettre mon fils au lit dès que possible, puis je redescends annoncer à Fran, posément, que c'est fini. Je marque un silence, le temps que mes propres paroles prennent tout leur sens pour moi aussi. Assise à table, devant son assiette, Fran me regarde en fronçant les sourcils. Je m'assieds en face d'elle et lui apporte des précisions.

— Nous deux, c'est fini, Fran. Je n'irai pas plus loin avec toi, j'ai atteint les limites, là, maintenant, je ne peux plus continuer. Alors nous allons nous quitter, comme tu le souhaitais, c'est toi qui avais raison.

— Mais... non... non, ce n'est pas possible... qu'est-ce que tu racontes... là, comme ça ?... ça t'est venu d'un coup ?

— Là, comme ça, oui. Et non, ça ne m'est pas venu d'un coup.

— Attends, attends. Laisse-moi... comprendre. D'abord, pourquoi ? Pour quelle raison ?

— Parce que je ne t'aime plus, Fran. Et que tu ne m'aimes plus non plus. Je n'éprouve plus aucun plaisir à passer du temps en ta compagnie. La vie à tes côtés m'est devenue un enfer. Je ne suis pas content de te voir rentrer du boulot, le soir. Tu ne me manques pas quand tu t'absentes, et je n'attends pas ton retour impatiemment. Je n'ai jamais été aussi bien que la semaine dernière sans toi. Depuis que tu es revenue, je suis de nouveau malheureux et triste. Je n'ai plus rien à te dire, tu n'as plus rien à me dire. En vérité, nous n'avons plus rien en commun ni plus rien à partager. Nous vivons côte à côte comme deux étrangers qui se supportent à peine. Et ça dure depuis des siècles.

Contre toute attente, elle éclate en sanglots. Elle me répond en hoquetant :

— Comment peux-tu dire que je ne t'aime plus ? Je n'ai jamais cessé de t'aimer. Tu es l'homme de ma vie, je t'aime comme au premier jour, je t'aime comme une folle.

— Je t'en prie, Fran...

— J'ai tout fait pour toi, tout... Tout ce qui te plaisait. Même... Je ne vais pas te faire un dessin. J'ai même fait... J'ai même fait la pute... parce que c'était ça que tu voulais. Même la pute. Je suis ta femme, la mère de ton fils et ta putain.

Elle pleure de plus belle, ne parvenant plus à articuler un mot. Je lui dis :

— Sois honnête. Ne retourne pas la situation à ton avantage. Ce que tu me reproches d'avoir fait ou de t'avoir prétendument poussée à faire, c'est à toi que ça plaît. C'est pour toi que, moi, j'ai accepté tout ça. Souviens-toi de la manière dont tout a commencé. Ça t'a toujours plu. Enfin, c'est incroyable, si nous en sommes là, si tout entre nous repose sur un... malentendu, depuis le début, si nous avons aussi peu parlé depuis tout ce temps. Ça signifie que nous avons toujours eu un sérieux problème, non ? Que nous n'avons jamais été en phase, je ne sais pas. De toute façon, c'est presque sans importance. Ce n'est pas pour cette raison que c'est fini. Tu te rends bien compte que nous évoluons sur deux planètes différentes, à des années-lumière l'un de l'autre.

— C'est ta faute, tu me refuses l'accès à ton monde, ma présence t'y gène, tu me repousses chaque fois que je veux y pénétrer.

— Ne mens pas, c'est toi qui ne t'intéresses pas à ce qui me plaît et qui m'écartes soigneusement de tes centres d'intérêt.

— Tu méprises tellement ce qui m'intéresse…

— Nom de Dieu, Fran, écoute-nous un peu. Nous voilà coincés dans une putain d'impasse, tu en es consciente ? Nous partons de trop loin. De beaucoup trop loin.

Elle écarte son assiette, appuie ses coudes sur la table, se prend la tête à deux mains et la secoue de gauche à droite.

— Tu as quelqu'un, c'est ça, il y a une autre femme, dis-le-moi, tu peux me le dire, je peux l'entendre, je peux tout entendre, je peux tout comprendre, on peut en discuter.

Fran n'a jamais été en mesure de tout entendre, elle a toujours refusé la discussion. Elle a toujours nié chaque problème dont je lui ai fait part. L'idée d'une autre femme dans ma vie la rendrait purement hystérique et capable du pire. Autant éviter un drame. Alors, sans ciller, je lui mens.

— Il n'y a personne, Fran. Je ne t'aime plus, c'est tout. C'est la seule raison. Et je te répète que toi non plus tu ne m'aimes plus. Ce que tu aimes, c'est ce que nous représentons, c'est notre image, l'image que tu véhicules de notre couple auprès des autres. Ce que tu aimes, c'est notre confort matériel, notre situation financière. Ce que tu aimes, c'est en grande partie ce que je déteste.

— Oh, Katz… Katz… tu me détruis… tu détruis ma vie…

— Je suis sincèrement désolé. Je ne cherche pas à détruire ta vie. Mais écoute, tu m'as pourtant bien viré de la maison, non ? Tu m'as bien laissé jusqu'à la fin de mes exam' pour faire mes bagages et déguerpir ? Alors, qu'est-ce que ça change, un peu plus tôt, un peu plus tard ? Je ne comprends pas.

— Tu ne comprends pas, en effet. Tu n'as pas compris que je repoussais sans cesse l'échéance, que je ne souhaitais plus ton départ. Car quoi que tu en penses, tu es l'unique amour de ma vie. Je n'ai jamais aimé et je n'aimerai jamais un autre homme que toi. (Elle se lève de table.) Je vais me coucher.

— Bien. Je dormirai dans la chambre d'amis, à partir de maintenant.

— Comme tu veux.

Elle gravit les marches en contenant ses pleurs, mais je l'entends fondre en larmes en arrivant dans la chambre.

En pleine nuit, je suis réveillé par une drôle de sensation dans le corps, un mélange de chaleur et d'humidité. D'abord, je ne sais pas si je rêve ou non. Puis je prends peu à peu conscience que Fran est en train de me sucer. Le paradoxe de la situation prêterait presque à rire. Je n'ai pas été capable de bander pour Angela, que j'aime, tandis que je bande comme un forcené pour Fran, que je n'aime plus. Je la repousse par les épaules.

— Qu'est-ce que tu fais ? Retourne te coucher.

Elle me caresse et murmure :

— J'ai envie que tu jouisses dans ma bouche, j'ai envie d'avaler.

Elle me reprend entre ses lèvres, comme elle ne l'a jamais fait. Je durcis encore et finis par abandonner toute résistance.

— Fran, je vais jouir, je ne peux plus me retenir.

Elle se met à me branler très vite en maintenant sa bouche autour de ma queue. Elle accuse un léger mouvement de recul au moment où j'éjacule au fond de sa gorge, mais elle déglutit à plusieurs reprises et avale tout. Elle se hisse ensuite à hauteur de mon visage et me souffle à l'oreille, tout en me décalottant doucement à présent, j'ai adoré ça, je recommencerai, tu veux que je reste avec toi ? Je lui réponds non, je préfère rester seul, c'est mieux. Elle s'en va sans insister. Dans le tumulte de mes émotions, le dégoût de moi-même le dispute à la colère.

Le lendemain matin, en repensant à ma nuit avec Fran, j'ose à peine regarder Angela dans les yeux lorsque nous nous retrouvons à l'école. À la pause déjeuner, nous filons chez elle, et je lui annonce, sans perdre de temps :

— J'ai dit à Fran que je la quittais.

— Quoi ? Mais pourquoi ?

— Pourquoi ? Tu plaisantes ? Parce que je t'aime.

— Ah, non. Non. Je refuse d'endosser cette responsabilité, tu m'entends ? Merde, j'avais raison, tu te sers de moi. Je te sers de prétexte ou de… de… je n'en sais rien, d'excuse ou de moyen logistique pour quitter ta femme. Et mes intentions à moi, tu n'en tiens pas compte ? Tu n'as pas compris ce que je t'ai dit ? Je ne veux pas m'engager dans une histoire. Je ne veux plus. Ce qui s'est passé entre nous était très sympa, mais je ne t'ai rein demandé de plus. Je ne t'ai rien demandé. Je ne t'ai pas demandé de quitter ta femme. Tu ne peux pas trancher comme ça, à l'emporte-pièce et tout seul. Oh, bon sang, qu'est-ce que tu as fait ?

— Tu refuses d'endosser cette responsabilité ? Quelle responsabilité ? De quoi parles-tu, au juste ? Tu es là, à trembler, à avoir peur, à ne pas assumer, et tu te réfugies derrière un discours à la con sur ton refus de t'engager, en me mettant tout sur le dos. Tu es injuste. Et lâche. Ta façon de tirer un trait sur nous pour ton seul petit confort m'écœure. Tu ne voulais pas en arriver là ? Mais il ne fallait rien faire, alors. Et jusqu'à preuve du contraire, je ne t'ai pas violée.

— C'est sûr, il aurait fallu que tu puisses.

Nous nous dévisageons sans plus rien dire, essoufflés. Nous restons un instant à nous dévisager, K.-O. debout, à bout de mots, à bout d'arguments, à bout de nous-mêmes.

— Je ne voulais pas… commence à bredouiller Angela, mais je la coupe aussitôt.

— Si tu avais été un homme, je t'aurais bien cassé la gueule.

— Va-t'en, s'il te plaît, j'ai besoin de rester seule.

Je sors de chez elle à reculons, hébété, horrifié par ce que nous venons de nous balancer à la figure. Et me voilà dans la rue sans avoir encore compris ce qui m'est arrivé, expulsé comme un malpropre, vidé comme un resquilleur dans une soirée privée.

La froideur qu'Angela me témoigne ainsi que la distance qu'elle place entre nous dès le début de l'après-midi me mettent au supplice. Son comportement demeure le même, les jours qui suivent. En journée, elle m'adresse à peine la parole, et quand je me connecte le soir sur mon chat, elle reste aux abonnés absents.

Chez moi, la vie s'organise tant bien que mal selon la nouvelle donne. Nino a constaté que sa mère et moi ne dormions plus ensemble et a voulu en connaître la raison. J'ai prétexté que je me couchais trop tard et que, pour ne pas réveiller maman, je dormais à côté.

Fran en bave sérieusement aussi. Son désarroi semble sincère et me touche un peu plus que je ne l'aurais cru. Je n'ai pas l'habitude de la voir si fragile. Toutes les nuits, elle s'immisce dans ma chambre. Je l'éconduis inlassablement. Elle insiste un peu, puis se résigne. Et à travers la cloison qui sépare désormais nos lits, je perçois ses sanglots durant de longues heures. L'idéal serait qu'au plus vite nous ne vivions plus sous le même toit. Mais elle joue la montre, et je crains que chaque jour supplémentaire passé en ma compagnie ne l'entretienne dans le vain espoir d'un retour en arrière me concernant. Alors je fais tout pour lui montrer que je recherche activement un logement.

J'attends de longs jours qu'Angela se manifeste ou fasse un geste dans ma direction. Mais c'est le silence total. J'ai l'impression de me fracasser tous les jours un peu plus contre la forteresse qu'elle a érigée autour d'elle. J'ai l'impression d'être un fou en camisole qui se cogne contre les murs d'une pièce ronde. Sauf que ces murs-là ne sont pas capitonnés.

Un soir, sitôt rentré chez moi après les cours, à l'issue d'une journée où j'ai laissé plus d'énergie que d'habitude, je fonce directement récupérer mes clés de voiture dans le meuble du salon. Tu dînes avec nous ? interroge Fran. Non, ne m'attends pas, je vais chez Kate et Sofian. Elle hoche la tête et, du bout des lèvres, me dit bonne soirée, embrasse-les pour moi. Je lui promets de ne pas oublier et file m'installer au volant, la tête pleine d'Angela.

À la radio, James Blunt chante *I've seen you cry, I've seen you smile/I've watched you sleeping for a while/I'd be the father of your child/I'd spent a lifetime with you…/…Goodbye my lover/Goodbye my friend/You have been the one/You have been the one for me.* J'ai les nerfs à fleur de peau. Et Keane enchaîne après James Blunt. *You're aching, you're breaking/And I can see the pain in your eyes/Says everybody's changing/And I don't know why.* Le moral parfaitement en lambeaux, je me gare devant chez mes amis.

Ian m'accueille en se cramponnant à ma taille. Mais devant mon air dépité, Sofian l'écarte et le supplie de me laisser respirer. Il questionne à voix basse ça va si mal ? Je fais oui de la tête. Kate renvoie les enfants à leurs jeux, puis s'exclame allez, mojito pour tout le monde. Sofian lève les yeux au ciel et soupire. Eh merde, je sens que c'est moi qui vais être de corvée, ce soir. Je le regarde manier le marteau et le tournevis dans l'évier.

— J'ai annoncé à Fran que je la quittais. Officiellement, je veux dire. Nous attendons qu'elle se décide à bouger pour la maison.

— À bouger ? demande Sofian.

— Oui, à en faire estimer le prix. Elle rachète ma part. Je n'ai pas les moyens de la lui laisser, je le regrette vraiment.

— Tout n'est peut-être pas perdu. Après quelques jours de break…

— Non, Sofian. Nous étions en sursis depuis déjà longtemps. Nous n'en parlions pas aux amis, c'est tout.

— Eh bien, je ne sais pas quoi dire, je trouve ça tellement triste. Je n'aurais jamais imaginé de tels problèmes entre vous. Non mais c'est dingue, vous allez si bien ensemble.

— Oui, on fait joli dans le paysage, mais il y a un tel vide derrière nos apparences.

Kate pose sa main sur la mienne.

— Et toi, comment te sens-tu ?

— Pas très bien. Pas très bien. Je…

Impossible de poursuivre, ma voix fait un couac et des larmes embuent mes yeux. Kate et Sofian détournent le regard, et Sofian se remet à marteler son tournevis en râlant.

— On pourrait quand même investir dans un pic à glace, Kate, tu ne crois pas, à moins qu'il existe un appareil spécial pour le pilage des glaçons, parce que là ça devient franchement infernal.

En fin de soirée, Kate me raccompagne à ma voiture.

— Ce n'est pas la séparation avec Fran qui te met dans un tel état, n'est-ce pas ?

— Non.

— Raconte.

— C'est aussi fini avec Angela, elle m'a largué.

— Ah… Et tu as quitté Fran pour elle.

— Pour elle, je ne sais pas. Mais elle aura été un catalyseur, c'est certain.

— Ouais. Pourquoi t'a-t-elle plaqué ?

— Pour sa tranquillité. Elle refuse de s'engager de nouveau avec quelqu'un. Elle a failli y laisser sa peau, la dernière fois. Et puis elle n'accepte pas l'idée que j'aie pu quitter Fran pour elle. Cette responsabilité est trop lourde à porter.

— Courageux de sa part.

— Ne la juge pas, Kate. C'est une fille formidable, je t'assure.

— Si tu le dis. Elle aura quand même foutu un beau bordel dans ta vie à toi pour ménager la sienne. Je connais un peu Fran et je te garantis qu'elle t'aime, de tout son cœur. Même si elle ne te le montre pas comme toi tu le souhaiterais, même si elle est maladroite. Tu n'es pas forcément très praticable non plus. Elle ne sait pas par quel bout te prendre la plupart du temps, et tu ne lui facilites pas la tâche. Je t'ai déjà vu à l'œuvre, tu es souvent intransigeant avec elle. Elle a toujours pensé que tu ne la trouvais pas à la hauteur.

— À tort.

— Peu importe, c'est ce qu'elle ressent. Et tu ne fais pas l'effort de lui prouver le contraire. Réfléchis bien, avant de commettre l'irréparable. Toi aussi tu peux choisir de préserver ta tranquillité, ta vie, ta famille.

— Oh non, pas toi, Kate, pas ce genre d'argument, s'il te plaît. Ça ne m'aide pas tellement. J'ai pris ma décision et, cette fois-ci, je vais agir comme je veux. Comme je veux, moi. Je veux corriger moi-même les épreuves de ma vie. Je veux être mon propre correcteur.

— Après tout, on n'est jamais si bien servi que par soi-même.

*

Tu vas tâcher de te reposer un peu, mon grand, me houspille Roselyne, tu as une tête de déterré, et s'il te plaît, procède par priorités, le plus important, à court terme, c'est les examens, les partiels dans quelques jours, pas question que tu te rates.

Les partiels de début mars, oui, j'avais oublié. Ils comptent pour un tiers de la note finale.

N'oublie pas les motivations qui t'ont conduit chez nous, poursuit Roselyne, garde bien à l'esprit la ligne directrice que tu t'es tracée, tu es ici pour une réorientation professionnelle qui te permettra de consacrer ton temps à l'écriture et à l'éducation de ton fils, c'est ton avenir qui se joue, si tu abandonnes maintenant, tout ce que tu as déjà accompli aura été inutile, tous tes sacrifices, est-ce que tu as agi pour rien, mon grand, hein, est-ce que tu as fait tout ça pour des prunes ? bon, la môme, elle m'a toujours paru paumée, ce n'est pas sa faute, ses repères ont sauté, mais tu t'en occuperas plus tard, après les examens, tu n'as plus longtemps à patienter, ah vous êtes dans un bel état, tous les deux, de toute façon je vais lui parler à elle aussi, je vais me la choper entre quat' zyeux.

Ma ligne directrice, a dit Roselyne. Elle prend de plus en plus les allures d'une ligne brisée, en dents de scie. Mon cheminement devient chaotique, et je perds de vue mon point de mire.

Au lieu de suivre les recommandations de Roselyne et de me focaliser sur les révisions, je me colle au piano. Très rapidement, il en sort une mélodie. Puis j'écris un début de texte. La suite vient dans la foulée. Si bien qu'en un jet j'obtiens paroles et musique.

J'appelle Phil et lui dis que j'ai une nouvelle chanson à enregistrer. Il répond O.K., je t'attends.

Une fille à demi nue m'ouvre la porte de chez lui en me déclarant s'appeler Tatiana. Je la crois volontiers. Elle m'embrasse comme si nous nous connaissions de longue date puis s'en retourne dans la chambre, au fond du couloir, dans un déhanchement qui pourrait facilement passer pour une invitation. Phil m'embrasse à son tour et me glisse ça n'a pas l'air d'aller. Je lui réponds toi, en revanche… Il nous sert un verre, et nous nous descendons dans son studio. Je m'installe au piano pour lui interpréter ma chanson sans perdre de temps.

— Waow… Tu chantes en anglais, maintenant ?

— Ça m'est venu comme ça.

— Tu n'as jamais rien composé d'aussi bon. C'est tout simplement parfait. Et ta voix, en anglais, c'est… je sais pas, c'est tout simplement parfait.

J'enregistre le piano et la voix témoin. Phil fait tourner en boucle et prend sa guitare pour jouer par-dessus. Il me demande :

— Cette chanson, ce n'est pas pour Fran, si ?

— On ne peut rien te cacher.

Il fronce les sourcils et adopte la posture du type qui attend la suite.

— En fait, je quitte Fran.

— Pour cette fille, la fille de la chanson ?

— Je ne dirais pas ça comme ça.

— Merde, dis-le comme tu veux, mais le résultat est là, tu plaques Fran et tu en aimes une autre.

— Oui, là c'est mieux.

Il repose sa guitare, croise les bras et me dit explique-moi.

Lorsque nous émergeons du studio, quelques heures plus tard, Tatiana s'est endormie. Nous sortons en silence de la maison. Sur le perron, Phil me conseille de bien réfléchir, de ne pas tout foutre en l'air sur un coup de tête. Parce que mon Angela, avec son cul bien au chaud chez elle, elle n'a rien lâché pour moi, elle. Alors je dois penser à moi aussi et me protéger. Je lui promets d'y réfléchir.

Il ne tarde pas à me rappeler pour m'annoncer qu'il a fini et que je peux venir écouter. Comme ses arrangements me conviennent, j'enregistre aussitôt la voix définitive. Il mixe en quarante-huit heures, et j'obtiens mon CD juste avant le début des partiels.

Le matin de la première épreuve, je m'approche d'Angela, déjà assise à sa place, et lui tends simplement le disque. Elle me regarde, silencieuse. Je lui dis qu'elle n'aura qu'à écouter quand elle aura le temps. Elle hoche la tête puis baisse les yeux. Je n'insiste pas. À l'idée qu'il nous reste encore trois mois à nous côtoyer en faisant semblant de rien, j'en suis malade. Je n'aurai pas la force.

Nous ne nous adressons pas plus la parole qu'auparavant jusqu'à la fin des partiels, qui s'étalent sur une semaine.

Je profite des quelques jours de repos avant la reprise des cours pour régler les questions matérielles avec Fran. Nous procédons à une estimation de la maison puis nous prenons rendez-vous chez le notaire, à mon initiative, cette fois, pour qu'il nous rédige le document de séparation des biens. Il nous dit je pensais que tout était rentré dans l'ordre, comme je ne vous avais pas revus depuis longtemps… êtes-vous sûrs de votre décision ? Fran ne peut retenir quelques larmes, moi je fais oui de la tête. Alors il soupire à cœur fendre et s'empare de sa calculette.

*

Fran me répète que rien ne presse, que je peux prendre mon temps pour me trouver un appartement qui me plaise et ne pas me précipiter, que pour l'instant je ferais mieux de me consacrer à mes cours. Il ne me reste que trois mois, ce n'est pas le bout du monde. Le plus important est de décrocher mon diplôme. Je chercherai à me loger ensuite. Je croirais entendre Roselyne. À la différence que les conseils de Fran ne sont pas totalement désintéressés.

La période que je traverse alors, si elle n'ébranle pas mes certitudes, me perturbe tout de même assez. Fran se comporte comme celle qu'elle était au début de notre relation, celle dont je suis tombé amoureux. Chacun de ses gestes, chacun de ses mots, chacune de ses attitudes me lance en message subliminal tu vois, je suis toujours là, je suis toujours celle que tu aimes, c'est encore possible. Je cède parfois à ses ardeurs, j'échoue à la repousser systématiquement comme je m'y étais engagé.

Mes rapports avec Angela, quant à eux, restent au point mort. Nous nous croisons comme deux fantômes dans les couloirs de l'école. Nos regards nous blessent et nos silences nous tuent. Il semblerait que plus rien n'existe entre nous, et je pourrais presque y croire s'il ne subsistait ce phénomène étrange lorsque nous sommes en présence l'un de l'autre, cette densification de l'air qui nous a toujours intrigués et pour laquelle nous n'avons jamais possédé l'ombre d'une explication. Oui, l'air entre nous s'épaissit toujours autant, mais un poison à action lente diffuse à présent dans le plasma que nous respirons. Ce plasma nourricier par le passé nous est devenu létal. Trois mois à tenir. Je ne me sens pas de taille. Il va bien falloir que quelque chose bouge.

Et quelque chose finit par bouger, car jamais rien ne demeure immobile. Le mouvement, toujours, l'entropie croissante de l'Univers. En l'occurrence, début avril, la sortie de mon roman – que j'avais complètement occulté – mobilise quelque peu mon attention. Antoine Falconi me téléphone durant une pause dans mes cours pour m'informer qu'il a installé mon livre le long du grand escalier central de sa librairie et qu'il lui a réservé un *facing* devant l'entrée principale. Il me dit, tout excité au bout du fil, il faut que tu voies ça, il faut que tu viennes. Je raccroche et appelle aussitôt Fran pour la prévenir que je rentrerai tard. Elle me demande s'il y a un problème, et quand je lui réponds que je dois passer à la librairie d'Antoine pour le lancement de mon livre, elle me dit écoute, ça ne changera rien à ta décision ni à la situation, mais nous partageons tout depuis quinze ans, je sais quelle place occupe l'écriture dans ta vie, et je sais qu'aujourd'hui tu réalises ton rêve, alors nous aimerions en faire partie, Nino et moi, nous sommes fiers de toi et heureux pour toi, peux-tu le comprendre ? Je réfléchis un bref instant, le portable collé à l'oreille. C'est la fin de la pause, Angela passe à ma hauteur pour retourner en classe. Voilà, j'ai Fran en ligne qui souhaite participer à la sortie de mon roman – qu'elle n'a toujours pas lu – et Angela sous les yeux qui me frôle sans me regarder. Je murmure un oui mal assuré à Fran. Elle me donne rendez-vous directement sur place. Elle ajoute je récupère Nino à l'école et on file te rejoindre, tu nous attends dehors, hein, tu ne rentres pas sans nous.

À l'horaire convenu, nous pénétrons tous les trois ensemble dans la librairie, comme la famille exemplaire que nous ne sommes pas. Antoine nous accueille à bras ouverts et nous conduit au milieu du grand escalier, où il a placé mon livre entre deux best-sellers. C'est impressionnant, assure Fran. Et tandis qu'elle se presse contre moi, c'est Angela que j'aimerais sentir à mes côtés, en cet instant si particulier de ma vie. J'aimerais sentir la chaleur de sa peau à elle, respirer son parfum à elle, effleurer des miennes ses lèvres à elle.

J'ai d'assez bonnes nouvelles, me confie Antoine, ton livre a beaucoup plu au salon de Londres, des traductions sont prévues, et on se rapproche actuellement de réalisateurs et de producteurs en vue d'une adaptation cinématographique. C'est génial, s'exclame Fran, tu es content ?

De retour chez nous, elle sort du réfrigérateur une bouteille de champagne, qu'elle y a mise cet après-midi, m'apprend-elle, après mon coup de fil. Nino se réjouit à l'idée de prendre l'apéritif avec nous et de se coucher plus tard que d'habitude. Il jure de tout raconter aux copains. Déjà perché sur un tabouret de bar, il tape dans les rondelles de saucisse sèche que sa mère a disposées dans une petite assiette, puis s'attaque à son ramequin de Monster Munch. Fran fait sauter le bouchon. Je lui demande une minute et descends me connecter dans mon bureau. Angela n'est pas en ligne. Je lui adresse tout de même un message.

Je remonte trinquer avec Fran et Nino, qui commençaient à s'impatienter. Fran m'observe, cherchant à percer je ne sais quel mystère, puis me donne une coupe et lève la sienne en mon honneur, invitant Nino à l'imiter avec son verre d'eau. Je me retiens de pleurer.

Nino au lit, Fran envisage nettement de m'enivrer. Elle s'y prend avec méthode et talent. Dans un premier temps, nous éclusons la bouteille de champagne. Et sans que j'y aie pris garde, nous avons atterri dans le canapé, Fran collée à moi, plus amoureuse que jamais. Elle me caresse à travers mon pantalon. Je ne suis déjà plus en état de me débattre ni de crier au viol. Elle déboutonne mon jean, s'agenouille entre mes jambes et me taille une de ces pipes dont j'ignorais qu'elle avait le secret, allant jusqu'au bout, avalant tout une fois encore, comme elle en a coutume depuis quelque temps.

Ensuite, nous passons à table. Fran nous a mitonné un vrai petit dîner d'amoureux, à l'occasion duquel elle débouche une bouteille de rouge. Et de deux. Après le champagne, le bourgogne nous est fatal. Nous montons nous coucher en titubant. Bien que j'en aie la force, Fran me déshabille, elle préfère, ça ajoute à son excitation. Je suis trempée, souffle-t-elle à mon oreille. Elle m'allonge sur le dos, retire sa culotte mais garde sa jupe, ses bas et ses chaussures à talons, ouvre son chemisier, sous lequel elle ne porte pas de soutien-gorge, et s'empale doucement sur ma queue gonflée à bloc. Ça te plaît quand je reste habillée comme ça, hein, tu aimes ? Elle me plante sa langue au fond de la gorge. Quand elle la récupère, c'est pour me dire j'ai une proposition à te faire, j'ai bien réfléchi (elle contracte en même temps son vagin autour de mon sexe, ce qui m'extirpe des gémissements, et à elle un sourire victorieux), si tu veux, tu peux avoir d'autres femmes, oui, si c'est ce que tu recherches, tu peux baiser qui te plaît, mais je reste l'officielle, d'accord ? celle qu'on verra à ton bras dans les cocktails et les soirées, la mère de ton fils, et je te donne un second enfant, comme tu as toujours voulu, c'est une solution équitable, mon amour, qui nous protège tous, qui protège ce que nous avons mis quinze ans à bâtir, je l'accepte pour toi, pour nous, oh mon amour, baise qui tu veux, mais je reste l'officielle, d'accord ? Dans une dernière contraction vaginale, elle me conduit à l'orgasme, et tout se mêle dans mon esprit. Je crois bien que je viens de toucher le fond.

*

Les résultats des partiels tombent enfin, c'est l'effervescence à l'école. Roselyne me convoque officieusement dans son bureau.

— Bravo, mon grand, tu as cartonné, c'est bien. Et avec Angela ?

— Rien. On ne se parle même plus. On se regarde à peine.

— Et ta femme ?

— Je cherche un logement.

Roselyne sort mon roman de son sac à main et me dit qu'elle compte sur une dédicace.

— Écoute-moi, poursuit-elle, écoute une vieille qui

a de l'expérience. Tu es jeune, tu es beau et extrêmement talentueux. Les événements te donnent raison dans ton choix de vie, ce n'est pas rien. Tu ne t'es pas trompé, mon grand. Les décisions difficiles que tu as prises, tu as eu raison de les prendre, la preuve. Alors serre les dents et tiens le cap. Raccroche-toi à ce qui compte le plus, ton fils et l'écriture. Quant à l'amour… ça viendra en son temps. Et si Angela passe à côté de toi, tant pis pour elle. Elle en sera malheureuse jusqu'à la fin de ses jours. Toi, maintenant, tu dois aller de l'avant. Tu as commencé à tracer ta route, ne t'arrête pas en chemin.

Les paroles de Roselyne m'ont donné un coup de fouet. J'ai accepté de participer à la soirée prévue pour fêter les résultats des partiels, en sachant pertinemment qu'Angela serait présente. Il y a quelques jours seulement, l'idée m'aurait terrifié.

Comme elle habite le coin, elle s'est occupée de réserver dans un restaurant qu'elle connaît bien, à quelques mètres de l'école. Je suis vraiment étonné de la voir venir s'asseoir à mes côtés sans plus de manières, sa bouteille de Despé à la main, pour boire à ma santé. Je crois que je n'ai pas envie d'être raisonnable, ce soir, me glisse-t-elle à l'oreille, je crois que j'ai envie de me soûler, je crois que la sortie de ton livre me comble de joie (elle le sort de son sac, comme Roselyne, la veille), je crois que ta présence me comble de joie, et je crois que j'avais besoin d'être un peu pompette pour te dire tout ça. Je n'ai pas le loisir de répliquer. Natty, un peu plus loin, apercevant mon roman, qu'Angela a déposé sur la table, s'écrie je l'ai aussi, je l'ai aussi, regarde, tu m'écriras un petit mot ? À moi d'abord, me dit Angela en souriant, c'est moi qui t'ai vu la première. Je demande à Natty mais comment tu as su, je n'en ai parlé à personne. C'est Roselyne, répond Natty, elle te fait une pub de tous les diables.

Angela ne me quitte pas de la soirée. Vers une heure du matin, elle m'annonce qu'elle va rentrer et accepte que je la raccompagne. Cinq minutes plus tard, nous sommes devant chez elle.

— Ta chanson, je l'écoute à longueur de temps, me dit-elle. Avec celle de James Blunt.

— *Goodbye My Lover* ?

— Oui.

— Moi aussi. Moi aussi j'écoute James Blunt du matin au soir. Nous aimons les mêmes choses et nous faisons souvent les mêmes choses en même temps, toi et moi, n'oublie pas.

— Je n'oublie pas, Katz, je n'oublie pas. Je n'ai rien oublié, au cours de ces derniers jours. Rien. Comment aurais-je pu ? Comment pourrais-je t'oublier ? J'aimerais bien, crois-moi. Si… si je t'offre un dernier verre, comme on dit, tu ne tenteras rien ?

— Et toi ?

*(...) quel parfait salaud je suis, moi qui promets un amour
infaillible à Angela et qui en baise une autre dans son dos. (...)
Qui baise une femme que je n'aime plus et que j'ai quittée, alors
que j'échoue à la toucher elle ; elle que j'aime profondément (...)*

Assise sur le rebord de son lit, Angela me demande
de la déshabiller. Je lui ôte le haut. Après quoi je
dégrafe son soutien-gorge et embrasse délicatement le
bout de ses seins, qui durcissent sous mes lèvres.

— Tu vas abuser d'une femme enivrée et sans
défense ?

— Tu veux que j'arrête ?

— Ce que je veux, en vérité, c'est que tu me suces
les seins et que tu me lèches le sexe pendant des
heures et des heures.

Je l'allonge sur le dos, lui retire ses chaussures, son
pantalon et sa petite culotte. Puis pressentant que je
vais passer la nuit ici, et préférant agir en toute
correction, quitte à faire un pieux mensonge, je prends
mon portable et envoie un texto à Fran : *la fiesta se
poursuit chez un copain, je dors sur place.*

Tandis que je tapais ce message, Angela a
commencé à se caresser toute seule en m'attendant.
Après avoir reposé mon téléphone, j'approche ma
bouche de son sexe et lui donne quelques petits coups
de langues. Elle m'invite à continuer, mais j'arrête et
lui demande de se caresser devant moi. Docile, elle
écarte ses jambes au maximum et joue avec son

clitoris. Regarde mon sexe qui s'ouvre, soupire-t-elle, il est pour toi, il est à toi, il mouille pour toi. Je saisis un de ses doigts, l'enfonce dans sa fente puis le suce doucement.

— Tu aimes ? demande-t-elle.

— Oui.

De nouveau, elle enfonce son doigt, et j'enroule ma langue autour. Elle aimerait que je me caresse à mon tour, en même temps qu'elle. Je baisse mon pantalon, mon boxer et commence à me décalotter, les yeux rivés sur son sexe béant et trempé. J'ai envie que tu me jouisses dessus, me dit-elle en levant son bassin pour l'approcher de ma queue, j'ai envie que tu éjacules sur mon clitoris et sur mes lèvres, je veux te sentir couler sur moi.

Ses paroles ont beau m'émoustiller, j'ai beau m'astiquer au-dessus de ses cuisses ouvertes en m'imaginant gicler sur elle, je ne bande pas pour autant. J'ai l'impression de pétrir un bout de guimauve qui pendouille piteusement dans le prolongement de mon pubis. Me voyant à la peine, Angela m'encourage. Mais rien n'y fait. Je bous intérieurement, et mon agacement devient perceptible. Je me branle de plus en plus vite, de plus en plus fort, jusqu'à ressentir une douleur, jusqu'à m'irriter, jusqu'à envisager de me mutiler, d'arracher ce membre qui ne me sert à rien et qui me ridiculise ; ce membre qui ne m'apparaît en cet instant que comme un appendice à amputer.

Angela cesse de se caresser et prend ma main pour en bloquer le mouvement. Elle met délicatement mon gland à nu et constate qu'il est à vif.

— Ce n'est vraiment pas la peine de te blesser, tu sais.

— Pour ce qu'il me sert.

— Hé, ne sois pas bête, ce n'est pas grave. Pas grave du tout. Attends, j'ai ce qu'il faut.

Elle se lève, va dans la salle de bains, farfouille dans une armoire et revient avec un tube de pommade. Elle en presse une noisette sur le bout de son index et, en dépit de mes protestations, m'en badigeonne le gland précautionneusement.

— C'est fragile, ces choses-là, petite brute, dit-elle dans un sourire.

— Tous les mecs disent ça dans cette situation, mais je ne sais pas ce qui m'arrive. J'ai tellement honte.

— Je sais que tu ne sais pas, idiot, sinon ça n'arriverait pas. Et puis honte de quoi, d'abord ? Rassure-toi, il m'arrive aussi de ne pas avoir envie ou de ne pas être dans le *mood*.

— De ne pas avoir envie, d'accord, mais là il ne s'agit pas de ça, il s'agit de ne pas pouvoir physiquement, tu comprends ? Il s'agit de ne pas pouvoir bander, de ne pas être à la hauteur.

— Pas de panique. Voici ce que nous allons faire. Mettons pour l'instant de côté les choses du sexe et revenons-y quand tu te sentiras prêt, d'accord ? Ce n'est ni une course ni une compétition, nous ne sommes pas pressés et nous n'avons rien à prouver.

Je cale un oreiller dans mon dos et m'assieds en appui contre la tête de lit. Angela vient se poser entre mes jambes, ses épaules sur mon torse, puis s'entoure de mes bras. Elle admet ne pas m'avoir facilité la tâche, ces derniers temps, par son comportement et certains de ses propos pour lesquels elle me renouvelle ses excuses. Je lui assure que c'est sans gravité et oublié de longue date. Je sens confusément que le problème ne vient pas de là. Le problème ne vient pas d'elle.

Le problème, à mon avis, provient de ma situation actuelle, le cul entre deux chaises. Mon corps habite toujours sous le même toit que Fran, tandis que mon esprit voudrait trouver refuge auprès d'Angela. Le problème, c'est mon tiraillement. Et si mon esprit est fort, mon corps, lui, vacille et cède parfois aux assauts de Fran. Aussi incompréhensible que ce soit, je baise Fran et reste impuissant devant Angela. De quoi me rendre fou et me faire culpabiliser à mort dans le rôle du mec qui joue sur les deux tableaux. Rôle de salaud, rôle que je déteste, mais qui me colle à la peau.

— Ce qu'il y a de sûr, c'est que votre proximité n'est pas ce qu'on fait de mieux, confirme Angela à qui je n'ai évidemment pas confié cette seconde partie de mes soucis. Continuer à vivre dans la même maison que ton ex – on peut l'appeler comme ça ? – n'arrangera rien.

— Et tu ne connais pas la dernière ? Elle accepte que je « baise qui je veux », pourvu qu'elle reste l'officielle. J'ai même droit à un deuxième enfant en prime.

Je trouve la force de rire du cynisme de cette femme qui ne m'a peut-être jamais aimé pour ce que j'étais réellement mais pour ce que je pouvais lui apporter ; qui ne m'a peut-être jamais considéré autrement que comme un investissement à long terme. Angela se montre moins catégorique et émet l'hypothèse que les choses ne soient pas si tranchées. Pourquoi ne pas envisager simplement qu'il y ait chez Fran un mélange d'ambition, certes, mais aussi de sentiments sincères, me concernant ? Une femme de son caractère, avec sa poigne – pour le peu qu'Angela a pu en juger –, subitement prête à partager son mec pour ne pas le perdre entièrement, n'agit probablement pas que par calcul.

Je décolle Angela de moi et l'oblige à tourner son visage vers le mien.

— Pourquoi me dis-tu ça ? J'ai l'impression que tu plaides sa cause auprès de moi ou que tu cherches à me reprécipiter dans ses bras.

— Je ne voudrais pas que tu te trompes de raison, c'est tout. Je ne voudrais pas que tu la quittes parce que tu penses qu'elle ne t'aime pas ou qu'elle ne t'aime plus. Dans la mesure où je suis impliquée dans cette histoire, je voudrais être certaine que la seule raison pour laquelle tu quittes Fran, c'est parce que toi tu ne l'aimes plus.

Je regarde Angela un bon moment au fond des yeux avant de lui assurer qu'elle n'a rien à craindre à ce sujet. Mais elle se demande si elle n'a vraiment rien à craindre d'une femme qui, bien que je l'aie quittée au motif que je ne l'aimais plus, alimente notre conversation depuis déjà quelques minutes. Afin de dissiper ses angoisses, je lui apprends que les démarches auprès du notaire ont été effectuées et que je n'attends plus que de toucher la part qui me revient sur la maison pour m'acheter un appartement. Elle me propose alors de m'installer chez elle, en attendant. Juste en attendant – hors de question de ne pas avoir chacun un chez soi.

Je meurs d'envie d'accepter, et il m'en coûte de refuser, après réflexion. Mais si je m'installais chez Angela, même temporairement, je m'éloignerais de Nino. Or c'est impensable. D'autant que je compte demander une garde partagée et que je n'ai pas intérêt à commettre le moindre faux pas ; Fran ne me ferait pas de cadeau, le cas échéant, si nous aboutissions à un désaccord au sujet de cette garde. D'autre part, je lui ai juré que je ne la quittais pas pour une autre. Et même si, selon les propres termes de son récent marché, je peux « baiser qui je veux », je ne suis pas persuadé qu'elle apprécierait de se découvrir si rapidement une remplaçante. Elle ne tarderait pas à comprendre que je lui ai menti et que je fréquente Angela depuis déjà un bail. Je dois scrupuleusement éviter tout ce qui pourrait déclencher une guerre prématurée avec Fran. Une guerre dans laquelle elle n'hésiterait pas à considérer Nino comme un enjeu.

— Alors, qu'est-ce qu'on fait ? m'interroge Angela. Tu as une idée ?

*

— Évidemment, soupire Kate, évidemment, nous acceptons de t'héberger.

À condition de bien nous entendre. Vivre chez Kate et Sofian signifie aussi y dormir tous les soirs. Ils ne me serviront pas d'alibi pendant que je retrouverai Angela à la nuit tombée, et ils refusent de la rencontrer tant que ma séparation n'est pas officielle et que je n'ai pas mon propre logement. Par amitié et respect à l'égard de Fran, ils ne peuvent pas agir autrement, est-ce que je comprends ?

— Eh merde, voilà que je parle comme une surveillante de pensionnat, bougonne Kate.

Tout ça la fout en l'air. Elle espère sincèrement que je sais ce que je fais. Elle se gratte la tête puis s'ébouriffe les cheveux. Je la rassure sur ces points cruciaux. Je ne transformerai pas sa maison en hôtel, encore moins en hôtel de passe. Je la remercie, l'embrasse et rentre annoncer à Fran que je déménage provisoirement chez Kate et Sofian jusqu'à ce que je puisse emménager dans mon appartement.

Elle accuse le coup sans broncher, mais ne peut réprimer une légère grimace qui lui dessine un rictus en coin de lèvres.

— J'ai calculé dans tous les sens, je n'ai pas de quoi racheter ta part, la maison a pris trop de valeur, ces dernières années, déclare-t-elle.

— Ta mère devait t'aider, non ?

— J'ai réfléchi. Si elle m'aidait, elle me rappellerait tous les jours ce que je lui dois et elle exigerait de venir vivre avec moi. Je ne la supporte pas.

Je laisse passer quelques secondes, entrevoyant l'opportunité de bientôt placer ma botte secrète.

— Et pour Nino ?

— Quoi, Nino ?

— Comment procède-t-on pour la garde ?

— Ah… ça. Il n'y a qu'un arrangement possible, la garde partagée. Avec mon boulot, je ne peux pas m'occuper de lui autant que toi. Je n'ai pas non plus la vocation de mère au foyer. Et puis tu as toujours été exemplaire avec lui, et je n'ai pas l'intention de priver Nino de son père. Ça te va ?

— Oui, bien sûr. Et tu tiens absolument à garder la maison, tu ne veux pas vendre ?

Non, elle ne vendra jamais. Sa vie est ici. Elle y a ses plus beaux souvenirs, c'est ici que nous avons vécu tous les trois, elle ne peut pas quitter cet endroit, c'est tout ce qui lui reste.

— Mais si tu rencontres quelqu'un…

Il n'y aura personne après moi, dans quelle langue doit-elle me le dire ? Elle commence à pleurer, mais se ressaisit aussitôt. J'essaie de lui faire entendre raison. Elle est jeune, un paquet de types lui tournent autour. Elle rencontrera quelqu'un. Cet homme acceptera-t-il de vivre dans ses souvenirs à elle, dans ce lieu chargé de ma présence et d'un passé auquel il est étranger ? Acceptera-t-il de dormir dans notre chambre, dans notre lit, à ma place ? Qui accepterait ça, quel genre d'homme ?

— Je ne vendrai pas notre maison, c'est au-dessus de mes forces, tranche-t-elle. Et puis Nino y est très attaché aussi.

Cette fois, elle ne se contient plus et pleure franchement, en étouffant sa voix d'une main plaquée sur la bouche. Je rassemble mes idées et finis par formuler mon offre. Couchons officiellement sur papier ce que nous avons décidé pour la garde de Nino, et je diminue la part qui me revient sur la maison pour qu'elle puisse me la racheter. Je ne peux pas faire mieux, je n'ai pas les moyens de la lui laisser entièrement. Mon pouvoir d'achat va bientôt chuter très en dessous du sien, et je n'avais pas prévu un tel revers de fortune.

Fran pose une main sur la mienne et essuie ses larmes de l'autre. Elle me dit qu'il n'est pas trop tard, que je peux compter sur son aide, que nous sommes deux. Je la prie de ne pas revenir là-dessus, dans la mesure où je ne reviendrai pas moi-même sur ma décision. Je l'encourage à penser à ma proposition et à me donner sa réponse. J'ai conscience de négocier de façon mesquine la garde de mon fils, et n'en tire aucune fierté. Mais j'ai conscience également de m'adresser à quelqu'un dont la négociation est une seconde nature, à quelqu'un qui, il y a quelques jours seulement, a tenté de négocier la pérennité de notre couple d'apparat, et de me battre avec ses propres armes.

Et ça marche. Le lendemain, au service des affaires familiales du tribunal, nous retirons un formulaire d'entente parentale pour la répartition des jours de garde de l'enfant, des jours de vacances, et des frais inhérents aux activités scolaires et extrascolaires. À remplir en trois exemplaires, précise le greffier ; un pour madame, un pour monsieur, un que nous enverrons au tribunal par courrier. Et nous devrons attendre quatre bons mois avant de recevoir le coup de tampon du juge validant notre décision. Quatre mois pour un coup de tampon, s'agit-il d'une plaisanterie ?

— Si vous estimez cette procédure gratuite trop longue, vous pouvez toujours payer un avocat qui vous fera obtenir les documents en un mois, lâche le greffier sur un ton acerbe.

— Vous nous conseillez de prendre un avocat alors que nous sommes d'accord tous les deux ?

— Je ne vous conseille rien, je vous explique que nous traitons en priorité les dossiers amenés par des avocats.

— Mais c'est scandaleux.

— Écoutez, monsieur, vous voyez le pupitre là-bas, près du guichet d'accueil ? Vous y trouverez le livre des doléances, allez y exprimer votre mécontentement et laissez la place aux personnes qui attendent derrière vous.

Fran range les imprimés dans son sac et me tire par le bras en me suppliant de lui épargner un scandale. Nous tournons les talons sans saluer notre interlocuteur. Nous avons parcouru quelques mètres, lorsque je l'entends, derrière sa vitre incassable, nous lancer : si vous choisissez une procédure gratuite, ne venez pas vous plaindre, estimez-vous déjà heureux qu'on ne vous fasse rien payer. Je me retourne et commence à me diriger vers son bureau. Fran s'interpose. S'il te plaît, Katz, laisse tomber, je suis au bord de la crise de nerfs.

Dans la même journée, Antoine m'avertit par téléphone que je participe à un grand salon littéraire, au mois de juin, en province. Puis l'attachée de presse qui s'occupe de moi m'appelle quelques minutes plus tard, au comble de la joie, pour me dire que j'ai déjà eu des articles dans la presse régionale et francophone, qu'elle m'en envoie une copie, mais surtout, surtout, qu'elle attend un portrait, carrément – tu réalises bien, Katz, c'était inespéré pour un premier roman, dans ce magazine –, une page entière dans un hebdomadaire à gros tirage. Elle ajoute que j'ai aussi une heure d'antenne dans la nouvelle émission d'une radio musicale. La présentatrice est intéressée, car j'écris des chansons. Elle souhaiterait même que je lui apporte un CD avec mes titres. D'après l'attachée de presse, tout ça sent très bon. Il faudrait maintenant qu'on décroche des télés, mais pour un premier roman, c'est mission impossible, personne ne me connaît, est-ce que je mesure la difficulté ?

Je vis, dans les jours qui suivent, une période d'euphorie et je ne suis pas loin de penser alors que le monde m'appartient. Ma cohabitation avec Kate et

Sofian se déroule à merveille. Je vois Nino tous les jours, ce qui l'aide considérablement à digérer la séparation. Fran m'a laissé le soin de lui expliquer la situation, prétextant que la décision venait de moi seul et que je n'avais qu'à assumer.

Seule ombre au tableau, ma panne sexuelle avec Angela qui ne s'arrange pas. Nous parvenons à nous octroyer quelques moments d'intimité, bien qu'ils restent limités à nos horaires de collégien, au cours desquels je tente souvent de relancer la machine, mais sans succès. Ma queue me pèse entre les jambes comme un poids mort que même un palan ne parviendrait pas à lever d'un millimètre. J'admire la patience d'Angela, qui ne manifeste aucun agacement ni aucune frustration, ainsi que les excuses qu'elle m'accorde pour me libérer de cette pression que, selon elle, je me colle moi-même inutilement sur les épaules. Elle évoque la fatigue, la tension nerveuse, le contexte et les conditions si peu propices à l'amour.

Il est vrai que l'obligation de rentrer fissa chez Kate et Sofian dès la fin des cours, et donc la trop grande brièveté de nos instants volés, réduirait nos ébats, si nous en avions, à des coups à la sauvette, à des petits cinq-à-sept de lapin. Nous ne sommes pas forcément contre. Une partie de jambes en l'air au débotté, entre deux portes, peut avoir son charme, de temps en temps, mais ça suppose une réactivité physiologique que je n'ai plus pour le moment. Par chance, Angela est équipée, et lorsque nous cédons à nos élans, elle me confie le maniement de son dildo pour compenser mes défaillances. Je me dis que les choses rentreront dans l'ordre le jour où je serai de nouveau maître de mon emploi du temps et de ma vie. Le jour où j'habiterai chez moi.

Dans la mesure où je ne peux pas me permettre d'être exigeant, les recherches de logement portent leurs fruits assez rapidement. À quelques mètres seulement de chez moi, dans le coin très « populaire et cosmopolite » du quartier, comme disent les agents immobiliers pour ne pas dire « pauvre », je me porte acquéreur d'un deux-pièces qui vient de se libérer au dernier étage d'un immeuble pas encore tout à fait délabré. Il est incroyable de constater comme une simple rue constitue parfois une frontière infranchissable entre deux mondes qui se côtoient tout en restant étrangers et hostiles l'un à l'autre ; deux mondes ancrés aux antipodes de ce microcosme et qui ne se rencontreront jamais.

Cet appartement est tout ce que je peux m'offrir avec le peu d'argent que j'ai accepté de récupérer de la maison pour ne pas contraindre Fran à la vendre. Ce n'est pas le Pérou, mais l'école de Nino se situe à deux pas, et il me tarde, à présent, d'empocher mon chèque, de signer l'acte de propriété et de poser mes valises quelque part où écouler des heures paisibles avec Angela, en toute commodité. Il est grand temps pour tout le monde que j'emménage dans mon appartement et que chacun vive chez soi. J'ai hâte de me reconstruire dans mon nouvel espace de vie. J'ai hâte de recoller mes morceaux.

*

Catastrophée, mon attachée de presse m'annonce que l'article qui m'était consacré, dans le grand hebdomadaire national, ne sera pas publié. Nous sommes en pleine campagne référendaire, et la vie politique tient le devant de la scène, au détriment des pages culture et spectacle. Le journal a dû supprimer la moitié de sa rubrique littérature, je fais partie de ceux qui sont passés à la trappe.

— Écoute, Éva, ne te mets pas dans des états pareils. Je sais que tu fais ton maximum. C'est si grave que ça ?

— Chouchou, tu n'es pas connu du grand public, pour qu'on te lise, on doit d'abord te connaître. Et la télé et la presse sont les chemins de la renommée. Dis-toi bien que si on ne te voit pas dans les journaux, tu n'existes pas. Si tu ne passes pas à la télé, tu n'existes pas. Si tu n'es pas une icône, tu n'existes pas.

Je n'ai pas tellement le temps de m'apitoyer sur mon sort. Quelques jours plus tard, je passe la première épreuve de mes examens. Puis c'est le départ en vacances pour Fran et Nino. Fran m'informe qu'elle a posté au juge aux affaires familiales le document relatif à la garde alternée. Elle a les traits tirés.

À sa demande, parce qu'elle ne se sent pas le cœur d'assister au triste spectacle de mon départ de la maison, il est convenu que je déménage pour mon nouvel appartement durant leur absence.

Le jour venu, j'emporte le strict minimum, effets personnels, livres, disques, matériel de musique, un peu de vaisselle et de linge de maison. Je laisse tout le reste. Et aussi quinze ans de mon existence, des souvenirs et quelques beaux projets avortés.

Mon père me donne un coup de main. Nous rangeons mes affaires dans son monospace, sous l'œil intrigué des voisins. J'ai l'impression de cambrioler ma propre maison. Le chat fait partie du voyage, le chien me regarde d'un air inquiet en remuant timidement la queue. Jusqu'au retour de Fran, je viendrai au moins une fois par jour le nourrir et m'assurer qu'il va bien. Le pauvre animal est très fatigué depuis l'ablation de sa rate, suite à un cancer. J'aurais aimé l'accompagner en ces instants, ne pas l'abandonner dans cette épreuve que Fran lui a imposée, tandis que j'aurais préféré pour lui l'euthanasie et une mort sans souffrance, suivant en cela les recommandations du vétérinaire.

Je monte dans la voiture, mon père démarre, et nous nous arrêtons moins de cinq cents mètres plus loin, au pied de mon nouvel immeuble.

Des gens en train de discuter devant l'entrée – des autochtones du quartier, je veux dire – me regardent débarquer, incrédules. Ils s'interrogent clairement sur ce qui a bien pu me pousser à venir m'échouer ici, sur les rives d'une jungle encore inexplorée par l'homme blanc CSP+. Une vieille me questionne. Suis-je promoteur ? Mon intention est-elle de déloger tout le monde, de tout raser et de reconstruire pour les riches ? Je lui réponds que je n'appartiens plus au monde des riches et que je n'envisage de virer personne. Alors elle me retourne un sourire rassuré. Et édenté. Elle me dit ça va si mal, la société, pour que les Blancs aussi deviennent pauvres ? Je hausse les épaules, et elle rigole. Un grand Black me propose son aide. J'accepte. Ses copains l'imitent. Nous vidons le monospace en un temps record.

J'inviterais bien tout le monde à boire un verre, mais je n'ai rien à offrir, car je n'ai pas encore eu le temps de faire des courses. Le Black me dit laisse tomber, ce sera pour un autre jour. Puis il m'apprend qu'il s'appelle Dialy, que je suis le premier propriétaire, ici, où tout le monde n'est que locataire, ce dont je me doutais, et que je remplace une famille qui n'a pas eu les moyens d'acheter lorsque le proprio a décidé de vendre.

— Désolé, réponds-je.

— Oh, il n'y a pas de quoi. C'était des cons, de toute façon. Tu sais, tu peux être pauvre et con, ce n'est pas réservé qu'aux riches. Mais le truc, c'est qu'on s'attend tous à se faire virer. Les propriétaires ou leurs enfants finiront bien par vendre. Et nous ne pourrons pas acheter non plus…

Nous nous serrons la main sur cette considération, et Dialy referme la porte derrière lui en partant, suivi peu après par mon père, qui n'a pas réussi à me convaincre de venir dîner « à la maison ».

J'ai préféré passer cette première soirée chez moi en compagnie d'Angela. Elle a confié Lou à ses parents pour juillet, si bien que nous sommes libres de nous voir quand bon nous semble, elle et moi. En l'attendant, tout seul au milieu des cartons et du silence, je me demande à quoi va ressembler ma vie, dorénavant. Je ne regrette ni mon choix ni mes actes. Mais ça ne m'empêche pas d'avoir peur.

Angela arrive, à la nuit tombée, un sac à provisions à la main ; sushis et vin blanc.

— O.K., je fais. Je te propose quelque chose de spécial, on sort.

J'ouvre la bouteille, prends deux verres, la prie d'emporter les sushis et de me suivre. J'ai constaté, au cours du déménagement, que la porte d'accès au toit de l'immeuble ne fermait pas – l'avantage de loger au dernier étage. J'entraîne Angela derrière moi, dans l'escalier qui monte à l'extérieur, donne un léger coup d'épaule à la porte, et nous nous retrouvons « en terrasse », au-dessus des rues éclairées de la ville, avec au loin, autour de nous, les monuments illuminés.

— C'est mieux que le jardin d'une maison bourgeoise, non ?

— Frimeur.

Nous nous asseyons, et d'un geste circulaire du bras je lui désigne la voûte céleste.

— Voilà, je t'offre un dîner, non pas aux chandelles, mais au clair de lune.

Elle pose sa tête sur mon épaule.

— Quoi ? Je serais amoureuse d'un homme romantique et fauché ? Une sorte de poète maudit ? Le ramoneur de *Mary Poppins* ?

— Attends, je ne rêve pas ? Tu viens bien de me dire que tu m'aimes ?

— Très drôle. Dire que je t'aime, à mon avis, c'est encore très en dessous de la vérité, tu sais.

— J'en ai autant à ton service, alors ne fais pas ta crâneuse.

— Je ne crâne pas, mais si on faisait un concours de celui qui aime le plus l'autre, je gagnerais haut la main, c'est tout.

— Quelle petite prétentieuse.

— Oh non, j'aimerais bien, mais non. Je me connais. Je suis repartie comme… comme quand je suis amoureuse. J'ai même le sentiment d'être allée plus loin encore avec toi qu'avec personne d'autre. Je sens que je ne m'appartiens déjà plus totalement. J'ai laissé beaucoup de moi, la dernière fois. Mais là, s'il arrivait quoi que ce soit de malheureux, je laisserai tout. Je n'ai jamais fait les choses à moitié, dans ce domaine, je n'ai jamais été très raisonnable. Avec toi, je prévois de lever toutes les barrières, s'il en était besoin. J'espère que tu n'en profiteras pas…

— Jamais. Jamais je ne profiterai de toi. Et je ne me sens pas moins vulnérable que toi. Moi aussi je t'aime comme je n'ai jamais aimé auparavant. Je ne suis plus un gosse, je ne dis pas ça à la légère, je mesure le sens de mes propos et je sais ce qu'aimer veut dire. Ce qui m'arrive m'effraie, me transporte et… me dépasse sûrement. Oui, je me sens un peu écrasé par ce que je ressens pour toi. Ceci expliquerait peut-être cela, d'ailleurs, si tu vois ce que je veux dire…

— Nous sommes bien barrés. Quelle équipe.

Je nous sers un verre de vin. Nous en buvons une gorgée puis nous nous embrassons. Et tout doucement, mine de rien, nous descendons la bouteille au fil du repas.

L'alcool me donne un regain de confiance en moi et l'assurance que, cette nuit, je parviendrais à faire l'amour à Angela. La perspective la séduit. Nous retournons à l'appartement sans prendre la peine de gagner la chambre. Je la déshabille lentement, debout, au milieu du salon. J'humecte mon majeur avec de la salive et le passe à l'entrée de son sexe. Il se trempe et s'ouvre aussitôt. Angela commence à gémir. Je la regarde attentivement, distinguant les traits de son visage, que la lune et les lumières extérieures éclairent suffisamment, tout en maintenant la pièce dans une certaine pénombre. Je l'observe au moment où j'enfonce un deuxième doigt, et son expression me procure un frémissement dans la queue. Je commence à bander.

Elle pose une main sur mon entrejambe à ce moment et constate que ça enfle. Alors elle déboutonne mon pantalon, glisse une main dans mon caleçon et me branle doucement, tandis que mes deux doigts vont et viennent en elle. Mais sous ses caresses, je me dégonfle, au sens littéral. Ma queue retombe en berne. Je retire la main d'Angela de mon caleçon, m'agenouille devant elle et me touche en léchant ses pieds. Mais elle gigote et glousse légèrement en prétextant que ça la chatouille. Puis elle me demande ce que je fais. Elle veut savoir si je suis bourré. Je ne réponds rien, mais me couche sur le dos, écarte les jambes et la supplie de m'écraser les couilles avec ses pieds. Elle ricane encore une fois, un peu pompette, croyant à une plaisanterie. Du bout des orteils, elle joue maladroitement avec mon membre, qui ne réagit plus du tout. Je lui demande un peu sèchement d'y aller sans détour, d'appuyer véritablement. Mais elle craint de me faire mal et refuse. En désespoir de cause, je rampe sur le dos entre ses jambes, toujours en essayant de me stimuler par des caresses, et lève la tête de manière à approcher ma bouche de sa chatte.

— Pisse-moi dans la bouche pendant que je me branle.

— Quoi ? N'importe quoi.

Elle ne me prend pas au sérieux. Je soupire, lâche mon sexe et me recouche de tout mon long à même le sol. Elle reste quelques instants debout à me contempler, passant de l'amusement à la stupeur et de la stupeur à l'incrédulité. Puis elle s'assied en tailleur à côté de moi, et à sa tête je comprends qu'elle a totalement dessoûlé. J'ai honte de moi. Je n'ose pas la regarder et je ne tiens pas à ce qu'elle me voie non plus. En cet instant critique, la pénombre est ma meilleure alliée.

— Je te dégoûte ?

— Non, tu me déroutes, réplique-t-elle sur un ton léger – feint ou réel, je l'ignore, mais léger, ce dont je la remercie intérieurement.

Toujours assise en tailleur, elle penche son buste à l'horizontal et pose sa tête sur mon torse. J'envie sa souplesse. Elle faufile ses doigts dans mes poils pubiens comme s'il s'agissait de ma chevelure.

— C'est comme ça que vous faisiez avec Fran ? me demande-t-elle après un silence assez long.

— Oui.

— Depuis toujours ? Vous avez toujours eu ce genre de rapports ? Depuis toutes ces années ?

— Oui.

— O.K… O.K… C'est, euh… nouveau pour moi. Il faut… tu peux me laisser un peu de temps… pour que je m'y fasse et… que j'apprenne ?

— Je suis vraiment désolé. Je me sens tellement stupide… et cinglé.

— Il ne faut pas. Tu n'es ni l'un ni l'autre. Et je t'aime. O.K ?

*

Fin juillet arrive, sans nouvelle tentative sexuelle de notre part. Après trois semaines passées en Sardaigne avec Magalie et Lara, Fran dépose Nino chez moi. À peine a-t-elle franchi le seuil, qu'elle me donne son avis sur ce coupe-gorge. Je ne peux décemment pas faire vivre son fils ici. Il n'y a que des… il n'y a pas un seul Français.

Nino, lui, saute de joie devant le lit à échelle qu'Angela et moi lui avons installé dans la chambre. Si nous n'avons pas fait l'amour, ces derniers jours, nous nous sommes tout de même dépensés en montant tout un tas de meubles en kit et en aménageant mon intérieur. Tandis que Nino grimpe dans son lit, un album de BD à la main, je propose à Fran de lui servir un café au salon.

Je lui laisse le canapé et m'assieds en face d'elle, sur un petit tabouret, de l'autre côté de la table basse. Du fait de sa position, sa jupe déjà très courte est retroussée sur ses cuisses bronzées. Elle ne porte pas de culotte et remarque que je l'ai remarqué.

— Hé, ne te gêne pas, le spectacle te plaît ?

Je bredouille quelques excuses, mais elle m'assure qu'il ne lui déplaît pas que je la regarde. Elle se lève, vient se poster à ma hauteur, prend ma main et la guide sur son sexe. Elle me dit tu vois, c'est mouillé, tu veux lécher ? Je tente de retirer ma main, mais elle la plaque énergiquement. J'ai envie que tu me lèches, Katz, s'il te plaît, fais-le. Elle commence à se déhancher en se frottant sur ma paume. Elle chuchote, la voix brisée, regarde ce que je fais en pensant à toi, regarde ce que je fais. Elle titille son clitoris avec son index et glisse son majeur dans sa fente. Puis elle exige que je la prenne, là, dans le salon, devant la fenêtre, pour que tout le monde la voie bien se faire enfiler par son mec. Pour que tout le monde mate son cul pendant que je la pénètre par-devant.

Pour quelle raison me mets-je à bander comme un âne, j'aimerais le savoir. J'aimerais comprendre mon mode de fonctionnement. Mais je crois que mon cas est désespéré. Je pense à Angela et j'ai envie de pleurer de me voir pourtant avancer vers Fran. Je veux seulement me prouver que je suis encore un homme, même si Angela me répète qu'un homme n'est pas qu'une machine à bander. Pas que, ajoute-t-elle dans un sourire. *Je veux juste me prouver que je peux encore faire jouir une femme, c'est tout, ce n'est rien d'autre que de l'orgueil, pardonne-moi, mon amour.* Je baisse mon jean, soulève une jambe de Fran, qu'elle appuie sur mon avant-bras, et la fourre brutalement pour essayer de lui faire mal. Mais elle mouille déjà tellement que je rentre comme dans du beurre. Et c'est finalement ma queue dure comme du béton qui me fait souffrir. Fran plaque une main sur l'encadrement de la fenêtre, exposant et frottant son cul à la vitre, et de l'autre s'agrippe à mon épaule. Elle me dit tu es à moi, tu le sais, dis-moi que tu le sais, dis-moi que tu es à moi. Puis elle m'annonce qu'elle va jouir et me fixe droit dans les yeux en m'ordonnant de me vider les couilles en elle. J'ai envie de l'étrangler ou de la passer par la fenêtre. L'idée me traverse l'esprit sérieusement et je perds la tête un court instant, en la ramonant comme un soudard, elle que je n'aime plus ; elle, la seule que je puisse baiser. Elle ne me lâche pas du regard pendant qu'elle jouit, et moi je ne cesse de penser à Angela en éjaculant en Fran. C'est en Angela que je m'abandonne, tandis que j'inonde Fran de sperme, tout en lui crachant au visage à plusieurs reprises. Elle récupère ma salive sur ses doigts et les lèche avec gourmandise. Moi aussi je suis à toi, chuchote-t-elle, essoufflée. Je suis à toi, à toi seul.

Je me retire d'elle, me rhabille et lui dis Fran, il ne faut pas faire ça, il ne faut plus, d'accord ? Elle se contente de sourire. Et moi je ne peux m'empêcher de penser que j'ai réellement voulu la tuer, il y a quelques secondes. Ne pressent-elle pas le danger, elle si instinctive d'ordinaire, elle presque animale ? Ou bien est-ce une ultime provocation de sa part ? Me pousse-t-elle à bout par jeu, me pousse-t-elle dans mes derniers retranchements ? À moins que je ne lui prête des intentions qu'elle n'a pas, que je ne la charge de tous les maux, que je ne l'accuse de tous les vices, pour mieux excuser mes faiblesses et nier mes responsabilités ? Nier quel parfait salaud je suis, moi qui promets un amour infaillible à Angela et qui en baise une autre dans son dos ? Qui baise mon ex. Qui baise une femme que je n'aime plus et que j'ai quittée, alors que j'échoue à la toucher elle ; elle que j'aime profondément et à qui je rêverai de faire l'amour comme je ne l'ai plus fait depuis tant d'années, en y mettant du cœur et des sentiments. *Efface ton sourire, Fran. Ça ne peut que mal se terminer.*

Le chien meurt le lendemain matin, comme s'il avait attendu le retour de sa maîtresse rien que pour ça. En allant caresser une dernière fois son corps à peine tiède, chez elle – elle m'a appelé à la rescousse pour les formalités –, j'ai le sentiment de dire aussi définitivement adieu à cette maison que nous avons partagée, et à laquelle, maintenant, véritablement plus rien ne me rattache.

Puis Nino et moi retournons à l'appartement. Il réagit mieux que moi à la mort de son chien, soulagé en fait de savoir qu'il ne souffre plus. On ne peut pas en dire autant de moi. Je suis une douleur ambulante. J'ai mal dans tous les recoins de mon âme. J'ai mal d'avoir trahi Angela, mal de ne pas pouvoir abandonner mon corps aux plaisirs qu'elle brûle de lui offrir, mal de me répéter que je suis une ordure, mal de n'être capable que de coucher avec une femme pour qui j'éprouve seulement une envie de meurtre. Suis-je déréglé ? Ma mécanique intérieure est-elle détraquée pour de bon, comme celle d'une horloge irréparable ? Suis-en train de devenir fou ?

Perdu dans mes interrogations, je prépare le chocolat et les céréales de Nino, car nous n'avons pas encore pris le petit déjeuner.

Devant son bol, Nino me parle tout à coup d'un monsieur, un certain Patrice, un ami de sa mère. Il me dit c'est drôle, je l'ai vu descendre de ta chambre, un dimanche matin, pour venir prendre son petit déjeuner avec maman et moi, je te jure, de ta chambre, et je ne l'ai même pas vu arriver le samedi soir à la maison, j'aime pas ça. C'est un copain de Magalie, c'est elle qui l'a présenté à maman, alors il sont devenus amis tout de suite, et on a tous dormi chez lui, moi, maman, Patrice, et les deux fils de Patrice, Kevin et Jason, c'était juste après ton départ de la maison, tu sais, quand tu as habité chez Kate et Sofian, mais maman voulait pas que je te le dise, je te le dis quand même parce que j'ai pas aimé qu'il vienne à la maison sans que je le voie arriver, j'ai pas aimé qu'il rentre dans ta chambre en cachette, pendant que je dormais, et puis après il est revenu avec ses enfants, et depuis ils dorment plein de fois à la maison, et Kevin il est énervant, c'est un vrai bébé, il pleure tout le temps, il fait des caprices, maman l'aime pas du tout, elle le supporte pas, elle me dit qu'elle s'est jamais embêtée avec moi et que c'est pas pour s'embêter avec les enfants des autres, mais elle dit que je dois faire des efforts pour être gentil avec lui, que sinon ça va barder pour moi, et Patrice il m'a ramené un ordinateur portable de son travail, mais il marche pas, tu parles, le cadeau pourri, en plus il a enlevé le tien, celui que tu m'avais donné, pour mettre le sien à la place, mais le tien il marchait et je pouvais jouer avec, alors j'ai dit à maman que je voulais garder le tien, mais elle a dit que celui de Patrice était mieux, que c'est son métier, les ordinateurs, et que j'avais intérêt à être content et à m'amuser avec l'ordinateur de Patrice, alors je lui ai dit comment tu veux que je m'amuse avec, il s'éteint dès qu'on l'allume, et elle a dit qu'elle en avait marre que je lui manque de respect, que j'étais vraiment méchant, mais qu'à partir de maintenant Patrice allait m'éduquer correctement, pas comme toi, et que je verrai bien qui commande à la maison.

Nino se tait brusquement et termine son petit déjeuner. Après quoi il ajoute moi c'est ton ordinateur que je préfère. Puis il se tait de nouveau, car ses dessins animés commencent.

Fran a donc aussi quelqu'un, de son côté. Et elle est revenue se faire sauter chez moi. À quoi joue-t-elle ? Son mec est-il au courant ? Procède-t-elle avec lui comme elle procédait avec moi ? Suis-je un stimulant sexuel pour eux ? Fais-je partie de leur jeu ? Va-t-elle bientôt me proposer un plan à trois ? Mais alors elle ne comprend décidément rien et n'agit toujours qu'à sa tête. Cela dit, elle aurait tort de se gêner, puisque je réponds toujours à ses invitations.

Peut-être devrais-je consulter. Peut-être ai-je besoin d'aide. D'une aide médicale et compétente. Je n'ai jamais tellement cru aux vertus de la psychothérapie, mais au stade où j'en suis, qu'est-ce que je risque à essayer ?

Angela me téléphone, tandis que je sombre dans ces interrogations, prostré sur ma chaise. Les résultats sont affichés à l'école, et ils sont bons. Elle aimerait qu'on passe la journée ensemble.

— Mais tu as Lou, et j'ai Nino. Tu veux qu'on passe la journée tous les quatre ?

— À moins de noyer les petits comme des chatons.

— Ne plaisante pas avec ça.

Je l'informe de la mort de mon chien. Elle s'excuse et affirme aussitôt que Nino et moi devons justement nous changer les idées, que deux jolies filles toutes pimpantes et toutes fraîches remonteront sûrement le moral de deux garçons malheureux.

Je ne la mérite pas. Je ne mérite pas cette fille d'une gentillesse et d'une fraîcheur – en effet, elle a raison – incroyables. Je m'apprête à le lui dire. Je m'apprête à lui dire qu'en son absence je baise Fran comme un salaud, que je n'en peux plus de lui mentir ainsi, que je n'en peux plus de cette malédiction qui me frappe, que je n'en peux plus de ne pas réussir à la toucher elle, la seule que je veuille vraiment toucher, la seule que j'aime, et qu'il vaut mieux en rester là entre nous, qu'elle n'a rien de bon à espérer d'un enfoiré et d'un malade comme moi.

— Tu es là ? demande-t-elle au bout du fil.

— Oui… oui.

— Tu ne parlais plus.

— Excuse-moi, je réfléchissais.

Nous nous donnons rendez-vous à la station de métro proche de chez elle et commençons par un pique-nique au bord du canal. Le courant passe bien entre les enfants, à tel point qu'en fin de journée je propose aux filles de partir avec nous dans la location de bord de mer que j'ai initialement réservée pour Nino et moi. Un vrai repos, un vrai changement d'air et d'idées, après les derniers événements, ne nous fera pas de mal.

Les quinze jours de vacances se déroulent à merveille. Sur le trajet du retour, les enfants estiment même que nous devrions tous habiter sous le même toit, à partir de maintenant. Angela me glisse à l'oreille tu vois, on aurait dû les noyer, j'avais raison.

Nous arrivons assez tard chez elle. Lou et Nino, qui ont déjà grignoté dans la voiture, montent se coucher sans dîner. Angela et moi nous détendons sur le canapé du salon. Nous n'avons pas faim non plus et nous contentons d'écluser tranquillement une Despé sur *Hopes and Fears* en sourdine.

Puis Angela allume des petites bougies disséminées dans la pièce, éteint la lumière, me bande les yeux avec un foulard et me dit attends-moi cinq minutes et ne triche pas. Je l'entends sortir, revenir après un temps qui me paraît bien supérieur à celui qu'elle m'avait annoncé et fermer la porte. À clé. Voilà, nous ne serons pas dérangés déclare-t-elle simplement. Elle s'approche de moi et ôte le foulard de mes yeux.

Après avoir cillé plusieurs fois, je reste stupéfait devant le spectacle qu'elle leur offre. Elle est plantée face à moi, maquillée outrageusement, une perruque sur la tête – un carré noir à la Louise Brooks –, nue sous un long manteau de cuir, chaussé de cuissardes à talon aiguille, et une cravache à la main.

Je me retiens de rire. D'abord, pour me concentrer et entrer dans l'ambiance. Ensuite, pour ne pas la vexer, car je sais qu'elle fait ça pour moi, pour m'exciter. Mais ça part mal. Je ne suis pas sensible à cette caricature de dominatrice, telle qu'on se la représente dans des fantasmes bon marché et éculés. Il faudrait au moins qu'elle retire sa perruque.

— Angela, je…

— Tais-toi, lance-t-elle d'une voix mal assurée qui se veut pourtant autoritaire. Déshabille-toi, poursuit-elle sur le même ton.

Elle force tellement sa nature pour jouer ce rôle que je n'y crois pas une seconde et que l'effet escompté ne se produit pas. Non seulement je ne ressens aucune excitation, mais je commence à éprouver un certain agacement. Après moi, pas après elle. Car j'ai conscience de ce que je la pousse à faire pour mon seul plaisir.

Je me déshabille tout de même, tandis qu'elle me regarde sévèrement, ou qu'elle essaie du moins. Mais plus que de la sévérité, je lis beaucoup d'incertitude dans ses yeux, de la crainte, et un grand besoin d'encouragement. Alors je feins de ne rien remarquer et tente moi aussi de jouer mon rôle du mieux possible.

Lorsque je suis nu, elle exige que je m'allonge au sol, sur le dos, bras et jambes écartés. J'obéis. Elle avance vers moi, en équilibre précaire sur ses talons hauts, et j'ai peur qu'elle ne se torde la cheville. Elle sort une paire de menottes d'une des poches de son manteau, s'accroupit et m'attache les poignets. Puis elle se relève, vient se placer au-dessus de mon sexe et lui assène un coup de cravache. Elle jauge mal sa force et m'arrache un cri de douleur, tant elle frappe fort. Elle s'excuse, me répète qu'elle est désolée, me demande si ça va. Je lui mens et lui assure que oui. Mais la douleur me porte à ce point au cœur que j'ai une soudaine envie de vomir. Je me redresse en position assise, bras en avant, l'un contre l'autre, en raison des menottes qui enserrent mes poignets. Elle interprète mal mon geste et vient positionner son sexe contre mon visage. Et sans crier gare, elle me pisse dessus. L'urine commence par me gicler dans les yeux et les brûle atrocement. Alors j'ouvre la bouche pour crier de nouveau, mais j'en avale en abondance, de travers, si bien que je manque m'étrangler et que je recrache tout en toussant jusqu'à m'époumoner.

Devant ce désastre, Angela éclate en sanglots, tout en finissant de pisser puis s'écroule sur le canapé.

— Pardon, pardon, hoquette-t-elle en pleurant. Je suis nulle…

— Non. Non, mon amour, ce n'est pas vrai.

À la lumière des bougies, je vois son maquillage qui a coulé sur ses joues. Elle ressemble à une putain triste et déglinguée. Son salon ressemble à un bordel d'opérette. Me reviennent en mémoire les paroles acerbes de Fran, qui me reprochait déjà d'avoir fait d'elle ma putain. Et si elle avait raison ? Si je n'étais bon qu'à démolir les femmes qui m'approchent ? Qu'à les salir ? Qu'à les détruire ? Si j'étais un monstre ordinaire ?

— C'est moi qui te demande pardon, dis-je à voix basse, en caressant sa joue avec mes deux mains jointes en une prière contrainte – foutues menottes.

— C'est trop dur, je ne me sens pas à la hauteur…

— Hé, tu n'as rien à te reprocher. Le problème, c'est moi, pas toi ; n'inverse pas les rôles. Je ne comprends pas pourquoi, mais le problème vient de moi. Pourtant, si tu savais comme je t'aime.

— Justement, c'est peut-être ça le problème, ça

vient peut-être de là. Je me suis renseignée, auprès d'amies, sur des forums et dans des magazines spécialisés. Il se peut que… c'est idiot à dire, mais il se peut qu'inconsciemment tu m'idéalises ou que tu me sacralises, tu vois ? Et que, par conséquent, tu puisses avoir du mal à me considérer comme un objet de désir sexuel. Certains psy défendent cette thèse… Pour eux, l'acte sexuel est une forme de régression à laquelle tu acceptes de te livrer avec quelqu'un que tu estimes susceptible de régresser. Mais si tu places cette personne sur un piédestal, ou si tu la juges au-dessus de ça, ou trop « pure », bref si tu la portes aux nues, alors les rapports sexuels deviennent presque impossibles.

— Tu peux me détacher (je lui tends les mains) ?

— Oh, oui, désolée.

Tandis qu'elle déverrouille les menottes, je lui demande si elle envisage de me quitter, en lui jurant que je la comprendrais parfaitement, mais en implorant secrètement le Ciel qu'elle n'en fasse rien. Elle essuie ses yeux et me dit qu'elle doit ressembler à un panda lubrique. Je ne peux m'empêcher de sourire, là, au milieu de sa pisse, de ses larmes et de son maquillage dégoulinant, mais je crois que c'est nerveux, parce que je redoute sa réponse. Elle enlève sa perruque. Je m'installe sur le canapé, à ses côtés, la prends dans mes bras et la berce.

— Il faut traiter le mal par le mal, lâche-t-elle mystérieusement au bout d'un instant.

Je reste pendu à ses lèvres, le souffle coupé, en attendant qu'elle précise sa pensée. Elle laisse filer encore quelques secondes qui me semblent interminables, avant de poursuivre.

— Je ne vais pas te quitter, non, certainement pas. Nous allons juste baiser à trois.

Je la redresse et la tiens à bout de bras, face à moi.

— Quoi ?

— Nous allons baiser à trois. Toi, moi et Fran

8

Nous demeurons longtemps inertes, silencieux et trempés, en vrac sur le lit, nos corps satisfaits et démolis ; nos corps embrassés et mordus, embrasés et tordus, caressés et giflés, écorchés jusqu'au sang par endroits et encore frémissants de plaisir à d'autres.

Je bondis du canapé comme si je m'y brûlais le cul. Baiser à trois avec Fran ? Où Angela a-t-elle bien pu aller chercher cette idée saugrenue ?

— À la racine du problème, répond-elle posément.

Mais il n'y a pas de problème, enfin pas ce problème, en tout cas. Je n'aime plus Fran depuis longtemps, ce n'est pas de son côté qu'il faut chercher.

— Je sais que tu ne l'aimes plus, j'en suis convaincue, comme je suis convaincue de tes sentiments pour moi. C'est aussi ce qui me rassure un peu, figure-toi. Mais, au lit, tu n'as jamais eu de problème avec elle, non ?

— Non, en effet.

— Et si elle se retrouvait dans ton lit aujourd'hui, tu n'en aurais pas davantage ?

Je me sens rougir comme un gosse pris en faute, le doigt dans le pot de confiture, et je bénis l'obscurité qui me protège. Il est à peu près certain qu'Angela ne voie pas mes joues s'enflammer. Soupçonne-t-elle quelque chose à propos de mes récents ébats avec Fran ? L'a-t-elle perçu à mon attitude ? J'ai pourtant l'impression de n'avoir rien laissé paraître, mais les femmes possèdent un radar intégré pour ces choses-là.

Une femme devine toujours quand son mec lui est infidèle.

— Ton embarras à me répondre me conforte dans l'idée que si Fran se trouvait dans ton lit aujourd'hui, tu n'aurais pas de problème avec elle, conclut Angela. C'est donc qu'elle sait faire quelque chose avec toi que je ne sais pas encore faire. Je ne demande qu'à apprendre, je te l'ai dit. Et elle-même s'est déclarée prête à accepter que tu couches avec qui tu veux pourvu que tu continues de la sauter elle, c'est bien ça ?

— Oui, mais je ne v…

— Alors nous allons juste la prendre au mot.

Angela a-t-elle réellement l'intention de recourir à Fran comme sexothérapeute pour notre couple ? A-t-elle réellement l'intention de s'étendre auprès d'elle sur mes dysfonctionnements érectiles et solliciter ses précieux conseils ? Genre SOS quéquette, comment faire pour que ton ex me baise comme il te baisait du temps où il bandait pour toi ?

— Tu n'es pas sérieuse. Dis-moi que tu n'es pas sérieuse.

Angela se lève à son tour du canapé. Elle se dirige vers la table où sont posées les bouteilles de Despé, en saisit une et boit une gorgée. Puis elle me tend l'autre.

Elle ne compte pas présenter les choses à Fran sous cet angle, non. Bien sûr que non. Mais d'après ce qu'elle perçoit du personnage, elle la suppose plutôt *open* en matière de sexe. L'idée est de lui proposer ça comme un jeu. Dangereux et pervers, sans doute, car il n'est pas exclu que Fran tente de me récupérer. Mais elle pourra toujours essayer, Angela n'a pas peur. Et dès que nous n'aurons plus besoin d'elle, nous nous en séparerons.

— Je peux être une vraie salope, tu sais, me dit Angela avec un petit sourire en coin. Je ne suis pas le modèle de vertu pour lequel tu me prends peut-être. Commence par t'enlever ça du crâne, ce sera une première étape. Et puis quoi, combien de mecs aimeraient être à ta place ? Le fantasme masculin absolu : avoir deux femmes en même temps. Et ce sont elles qui te le proposent. Tu te rends compte ?

J'écluse ma Despé en silence et lui livre mon point de vue. Premièrement, je n'imagine pas une seconde que des parties fines à trois avec Fran me « débloquent ». Deuxièmement, je n'ai pas envie d'essayer. Troisièmement, Fran a quelqu'un. Quatrièmement, je ne la vois pas accepter un truc pareil. Cinquièmement, Angela a tort de sous-estimer son pouvoir de nuisance et de croire qu'elle se débarrassera d'elle d'un claquement de doigt. Et sixièmement, la discussion est close, car je ne demanderai jamais rien de ce genre à Fran, je rejette l'idée même.

*

Le jour de la rentrée des classes, Fran, Nino et moi nous retrouvons à l'école. Nous avons tenu à accompagner notre fils ensemble, car nous l'avons toujours fait jusqu'à présent, et suffisamment de choses ont déjà changé dans sa vie. Alors si nous pouvons au moins maintenir quelques bonnes habitudes, pourquoi pas ? Il nous embrasse et file rejoindre ses camarades dans la cour, a priori insouciant. Mais comment le jurer ? Pour l'instant, il ne s'épanche pas vraiment sur notre séparation. Je ne veux pas le brusquer, je préfère qu'il en parle quand il en ressentira lui-même le besoin.

Comme les autres parents, nous restons devant les grilles de l'école jusqu'à ce que les enseignants viennent chercher leurs élèves. Quelques amis nous disent bonjour, mal à l'aise. Certains me tirent la gueule. Normal, c'est toujours celui qui part qui a le mauvais rôle.

Quand tout le monde est rentré en classe, Fran m'invite à prendre un café chez elle, qui était encore chez nous, il n'y a pas si longtemps. Ça me fait drôle d'appeler la maison « chez elle ». Je suppose que je m'y habituerai. Je décline sa proposition, ne sachant que trop comment tout ça risque de finir. Mais elle ne lâche pas le morceau et me dit bon, chez toi, alors. Je refuse également. Alors elle se rabat sur le troquet, à quelques pas, et me jure ses grands dieux qu'elle ne va pas me violer en public.

Nous nous installons au fond de la salle, loin des discussions bruyantes de ceux qui, accoudés au zinc, tournent déjà au petit blanc sec ou au gros rouge. Fran attaque bille en tête. Elle a appris que j'ai quelqu'un, qu'il s'agit d'Angela – cette traductrice qu'elle a vue un après-midi, chez nous – et qu'elle a une fille un peu plus jeune que Nino. Le bonheur total pour moi, qui ai toujours rêvé d'avoir deux enfants, non ? Suis-je pleinement satisfait, maintenant que la vie m'a comblé ? Mais comment ai-je osé lui présenter cette fille – cette pétasse, devrait-elle dire –, avec ses airs de sainte-nitouche, qui a foutu son bordel dans notre famille, parce qu'elle cherchait probablement un pigeon pour élever sa fille ? Comment ai-je pu emmener chez nous, en sa présence, une fille que je me tapais ? L'ai-je sautée sous notre toit ? L'ai-je sautée au cours de la fête que j'ai organisée avec les gens de l'école ?

Je commence à comprendre ce que Fran a raconté à ces cons qui m'ont salué du bout des lèvres, tout à l'heure, sur un ton chargé de reproches. Elle a commencé à me tailler une brillante réputation auprès de nos connaissances et de nos amis. Et ces crétins ont bu ces paroles comme du petit-lait.

— Fran, il ne s'est jamais rien passé entre Angela et moi, à la maison, ni pendant que nous étions encore ensemble.

Ce n'est qu'un demi-mensonge, après tout. Qui, par conséquent, ne la calme qu'à demi. Elle repart à l'assaut. Présenter ma putain à Nino aussi vite, n'est-ce pas un peu prématuré ?

— Ne parle pas d'elle comme ça, s'il te plaît. Et puis tu ne t'es pas tellement préoccupée du timing quand tu as présenté « ton connard », ton Patrice à Nino. Et de quelle manière, d'après ce que j'ai compris. Avec quelle délicatesse, hein ? Je suis au courant. Alors tes leçons de morale…

— Qu'est-ce qu'il t'a encore raconté ? Il ment comme il respire.

— Je t'en prie, ne dis pas n'importe quoi. Nino est un gosse d'une gentillesse absolue.

— Il te ressemble trop pour être vraiment gentil.

— Fran… tu es sérieuse ? Tu penses ça de ton fils ? Tu comptes t'en prendre à lui pour m'atteindre moi ?

Elle chasse ma question, d'un geste de la main, comme s'il s'agissait d'une mouche agaçante, et me dit qu'elle est épuisée. Physiquement et nerveusement. Au bout de quelques secondes durant lesquelles nous ne parlons plus, elle me demande si je suis jaloux.

— Jaloux ?

Jaloux, oui. De Patrice. De savoir qu'un autre couche avec elle. Dans mon lit. Est-ce que ça m'excite ? Est-ce que je me caresse en l'imaginant avec un autre homme ? Elle peut me raconter. Tout me raconter. Comme avant.

— Fran… c'est fini, tout ça. Fini, tu comprends ?

Je m'apprête à me lever pour quitter la table, mais elle me retient par le poignet.

— Attends… Dis-moi juste pour toi. Comment ça se passe avec elle ? Tu la baises comme moi ? Dis-moi comment tu la fais jouir. Dis-moi ça. Tu peux bien me dire ça. Est-ce qu'elle te fait comme moi ?

— Je crois qu'il vaut mieux ne pas se voir pendant un moment. D'accord ?

Je récupère ma main, sors mon porte-monnaie de ma poche, jette un billet sur la table et vide les lieux.

Fin septembre, un samedi soir où je n'ai pas la garde de Nino, Angela s'est arrangée de son côté pour être seule également, et nous avons organisé un dîner en tête-à-tête chez moi. Elle a manifestement des projets, car c'est la première fois que je la vois habillée en tailleur et escarpins, et nous buvons pas mal. Je sens que je vais passer à la casserole ; du moins, que je vais essayer de passer à la casserole, si ma queue daigne enfin se dresser. Je mise sur l'alcool pour me faire planer et me mettre dans de bonnes dispositions.

Au moment du dessert, Angela pousse les assiettes et les verres, s'allonge sur la table, retrousse sa jupe, écarte les jambes et me dit tiens, commence déjà par ça. Elle ne porte pas de culotte. Je me mets à la lécher, son sexe est ouvert et trempé. Elle se retourne sur le ventre et soulève son bassin.

— Lèche-moi le cul, bien profond. Je veux sentir ta langue comme si c'était ta queue.

Sa voix se fait naturellement plus ferme que d'habitude, à croire qu'elle a répété, qu'elle a réfléchi à la question, à la manière de se rendre crédible dans ce rôle. Je la saisis fermement par les hanches et lui fourre ma langue le plus loin possible. Elle me demande de lui glisser deux doigts par-devant. Au bout d'un court instant, elle quitte la table et m'attire dans la chambre.

Là, en agissant avec beaucoup plus d'assurance et de maîtrise dans ses gestes qu'auparavant, elle me déshabille, m'allonge sur le lit et m'attache les mains avec une paire de menottes, comme la dernière fois. Elle monte sur le matelas, se tient debout en appui sur le mur et vrille ses talons aiguille sur mes couilles, en me regardant sévèrement. Puis elle se place au-dessus de mon visage, jambes écartées, et s'accroupit. Je donne un petit coup de langue sur son sexe, mais elle se relève aussitôt. Elle se rebaisse, je donne un nouveau petit coup de langue, et elle se relève.

— Je sais que tu veux la goûter, mais tu vas attendre un peu.

Elle s'empare d'un foulard et me bande les yeux. Ensuite, elle s'installe à califourchon sur moi et se frotte sur mon torse, sur mes tétons, sur mon visage, sur ma queue. Alors qu'elle se frotte sur ma bouche, j'ai l'impression qu'elle tape sur le clavier de son mobile. Je lui demande ce qu'elle fait.

— Ce que je veux, répond-elle sur un ton ferme. Je fais ce que je veux. Avec toi, avec ton corps, avec ça (elle presse mes couilles). Et là, peut-être que je suis en train de te filmer avec mon portable pour montrer à tout le monde ce que je fais de toi. Tu aimerais que je montre à Anna et à Natty ce que je fais de toi ? Tu aimerais qu'elles voient ça ?

— Oui...

Toujours assise sur mon visage, elle m'offre à présent son cul à lécher et me branle à fond, très lentement, en me disant je filme ta queue pour Anna et Natty, et toi tu bouges bien ton bassin pour montrer que tu aimes ça, pour montrer que tu aimes m'obéir et que tu m'appartiens.

J'ignore combien de temps ça dure, je perds la notion du temps, enivré par mes sens et l'alcool. Angela s'interrompt parfois, se lève, piétine mon sexe, s'en va, revient, et au bout d'un moment, je durcis sous sa main. J'y crois à peine, il me semble que je souris. Mais rapidement, j'ai l'impression que deux mains différentes s'occupent de ma queue. Qui ne cesse de gonfler et de se lever. Je me concentre sur mes sensations et je distingue alors très nettement à présent deux mains qui me branlent et une troisième qui me malaxe les couilles.

— Angela ! Enlève-moi le bandeau. Dis-moi ce qui se passe.

— Il se passe que tu bandes comme jamais, chuchote-t-elle à mon oreille. Il se passe que tu vas me prendre, ça ne te plaît pas ?

— Qui est avec toi ? Enlève-moi ce putain de bandeau.

— Je vais te l'enlever, mais toi tu me promets de jouir en moi. C'est pour toi que j'ai fait ça, mon amour, pour nous.

Sa voix est à peine audible, et je comprends qu'elle ne veut pas que l'autre femme entende. Je redresse la tête, et tandis que les mains qui me branlent m'arrachent des gémissements, Angela dénoue le bandeau et le retire lentement de mes yeux. Je recouvre la vue assez rapidement pour constater que Fran est aux commandes.

— Non… non.

Je veux la repousser, mais je suis toujours attaché à la tête de lit par les menottes qu'Angela m'a passées il y a quelques minutes. Fran plaque ses mains sur mes épaules et me fusille du regard.

— Tu ne bouges pas. Et tu obéis. Tu m'obéis, c'est clair ?

Elle reprend ses caresses, je gémis de plus belle. Angela pose une main sur la sienne et accompagne ses gestes, comme si elle voulait les apprendre de cette main experte. La main d'Angela posée sur celle de Fran me masturbe indirectement. Comment tout ça est-il possible ? Comment a-t-elle contacté Fran et que lui a-t-elle raconté pour que les choses en arrivent là ? Que se sont-elles dit, quel est l'accord passé entre elles ? Angela sait-elle maintenant que j'ai couché avec Fran alors que j'étais déjà avec elle ? Si c'est le cas, elle a l'air de s'en foutre éperdument. Et le mec de Fran ? Va-t-il débarquer lui aussi dans un instant pour une partie à quatre ? Pas question d'inclure un mec là-dedans.

Je regarde Angela et Fran me caresser ensemble, et je suis tiraillé entre le dégoût et le désir à leur paroxysme ; dégoût que m'inspire Fran, dégoût que m'inspire mon désir sexuel pour elle, désir et sentiments que j'éprouve pour Angela. Tout se mélange, tout se confond, tout se mixe et se sépare, dans cette dichotomie que j'opère sans en comprendre la raison entre sexe et amour. En dépit de ces questions qui m'assaillent, je bande pour la première fois en présence d'Angela, et c'est sans doute ce qui compte. Je bande pleinement, douloureusement. Je bande pour elle. Je bande « aussi » pour elle. Je le sais. Et je sais pour quelle raison elle a organisé cette séance. Je mesure les efforts qu'elle accomplit pour moi, les sacrifices auxquels elle consent, la répulsion qu'elle dépasse, l'humiliation qu'elle ignore, l'abnégation dont elle fait preuve. Je sais tout ça. Tout ce qu'elle accomplit par amour pour moi. Et je mesure combien je l'aime, combien j'aime qu'elle m'aime ainsi. Serais-je moi-même capable d'en faire autant si la situation était inversée ? Saurais-je donner autant qu'elle donne ? Me montrer aussi généreux de moi-même ?

Je la regarde et caresse sa main dans un sourire, en signe d'acceptation. Elle repousse alors celle de Fran et me masturbe à présent toute seule. Fran observe un instant et lui dit :

— Tiens-le-moi. Tiens-le-moi bien droit.

Alors Angela lui présente mon pieu et elle s'y empale tout doucement. Sa fente encore étroite coulisse au ralenti pour finir de s'ouvrir totalement sous la pénétration progressive. Lorsqu'elle s'est entièrement plantée, elle se penche sur moi et, comme Angela peu avant, murmure à mon oreille :

— Je vais te faire jouir devant elle, et tu me reviendras. C'est ma chatte qui va te faire jouir, c'est pour ma chatte que tu bandes, tu es à moi, et je suis à toi, tu le sais très bien. Tu le sais et tu aimes ça…

Je comprends que, dans l'esprit de Fran, Angela n'est qu'un divertissement pour nous, qu'un amusement dont nous finirons par nous lasser tous deux, qu'un objet que nous abandonnerons comme un jouet cassé. Alors elle me récupérera. Je sais qu'elle y croit au plus profond d'elle-même et qu'elle est venue ce soir dans cette unique perspective. Quoi qu'elle ait pu dire à Angela, quoi qu'elle ait pu accepter en apparence, si elle peut l'évincer et me récupérer, elle n'hésitera pas une seconde. Car Fran n'a jamais douté de son pouvoir.

Voyant qu'elle me parle à l'oreille, Angela l'empoigne par les cheveux, lui renverse la tête en arrière et lui tord les tétons.

— Petite salope, lui dit-elle, tu aimes ce que je te fais ?

— Oui.

Je demande à Angela d'ôter mes menottes. Elle s'exécute, et j'agrippe aussitôt Fran par les hanches pour tenter de l'éjecter. Mais elle se cramponne et contracte son vagin autour de mon membre. Puis, à son tour, elle saisit Angela par les cheveux, approche sa bouche de la sienne et passe sa langue sur ses lèvres. Angela les entrouvre, sort également sa langue, et toutes deux s'embrassent. Elles se livrent ensuite à une lutte au cours de laquelle elles se mordent, gémissent, s'attrapent, se griffent, se lacèrent, et se lèchent. Toujours sur moi, Fran plante régulièrement ses ongles dans ma peau, et je lui claque les fesses.

Nous nous malmenons un bon moment comme si nous cherchions à nous faire autant de mal que de bien, comme si chacun cherchait à affirmer sa place ou sa dominance.

À l'issue de cette bataille, je finis par coucher Fran sur le dos et lui ordonne de ne pas bouger. Je saisis, dans le tiroir de la table de chevet, le godemiché d'Angela. Je le lui donne, écarte les jambes de Fran et demande à Angela de la branler avec l'accessoire. Mais elle préfère le lui enfoncer dans l'anus après m'avoir demandé de lui cracher dedans pour le lubrifier. Fran grimace un peu et me regarde droit dans les yeux, tandis qu'Angela la sodomise brutalement. Puis elle regarde Angela et lui dit que c'est bon, en lui caressant la joue. Nous l'embrassons longuement avec la langue, et nos trois langues se mêlent les unes aux autres. Angela se met à genoux à côté de Fran, me tend ses fesses et me dit :

— Prends-moi en levrette pendant que je continue avec elle.

Je m'enfonce en elle pour la première fois depuis tous ces mois d'attente, de frustration et de déception, et il s'en faut de peu pour que, contrôlant mal mon excitation en ce qui m'apparaît comme l'un des plus beaux jours de ma vie, mon cœur ne lâche et que je n'éjacule précocement. Alors je respire calmement, profondément, je ne bouge plus, je ferme les yeux brièvement pour ne plus voir ces deux corps se tordre, ces poitrines se frôler, l'une au-dessus de l'autre, et je reprends la maîtrise du mien. Je parviens à dompter nos trois corps enchevêtrés, enchaînés, ainsi que ma queue en acier trempé, si proche du jaillissement. Et finalement j'impose le rythme. Mes hanches vont et viennent contre le cul offert d'Angela, j'entre et sors de son sexe à une cadence sur laquelle elle se cale pour s'occuper de Fran avec son gode. Celle-ci essaie de nous séparer et glisse sa tête entre les cuisses d'Angela pour me lécher la verge. Ce qui l'oblige par la même occasion à lécher le sexe féminin que je pénètre, et je sens bien que certains gémissements d'Angela sont dus aux coups de langue de Fran. Je sens que, contre toute attente, se donner l'une à l'autre ne semble pas leur déplaire.

Nous menons cette danse à trois un certain temps, que j'essaie d'étirer le plus possible, puis quand nous sommes au bord de la rupture, j'accélère pour nous faire jouir de façon synchrone.

J'explose dans le ventre d'Angela, et le plaisir se propage comme une onde de choc, dans nos corps en sueur, agités de spasmes, en proie à leurs séismes internes. Nous nous écroulons, les uns sur les autres, essoufflés. Nous demeurons longtemps inertes, silencieux et trempés, en vrac sur le lit, nos corps satisfaits et démolis ; nos corps embrassés et mordus, embrasés et tordus, caressés et giflés, écorchés jusqu'au sang par endroits et encore frémissants de plaisir à d'autres.

Angela rompt le silence la première pour s'adresser à Fran.

— Tu veux prendre une douche avant de partir ?

— Non, je veux dormir avec cette odeur sur la peau.

Elle se lève, s'habille à la hâte en prenant soin d'oublier sa culotte à proximité de ma taie d'oreiller et sort de la chambre en nous lançant, sur un ton narquois, bon, vous avez mon numéro tous les deux. Nous entendons ses talons claquer sur le parquet du couloir et la porte d'entrée s'ouvrir puis se refermer derrière elle.

Je demande à Angela si elle veut en parler.

— Parler de quoi ?

Sa voix est sèche, avec une pointe d'énervement. Mais je ne peux pas me contenter de ça. Je ne peux pas évacuer la question comme s'il ne s'était rien passé. J'aimerais d'abord savoir ce qu'elle en a pensé elle, comment elle se sent, si elle a aimé ou détesté.

— Aimé que ton ex me lèche pendant que tu m'enfilais ? Non, je n'ai pas aimé. Aimé que tu me fasses jouir en levrette ? Oui, j'ai adoré.

— Je t'avais dit que ce ne serait pas une bonne idée. Mais je t'ai sentie réagir plutôt favorablement à ses coups de langue entre tes cuisses.

— Espèce de petit fumier.

Elle sourit et, enfin détendue, me donne une tape légère sur le sexe.

Quand je cherche à obtenir des informations sur la manière dont elle a procédé pour convaincre Fran de participer à nos ébats – Fran qui la traitait de tous les noms, il y a encore un mois –, elle répond simplement que c'est un secret entre femmes et que je n'en apprendrai pas davantage. Je commence subitement à redouter qu'une certaine complicité – feinte du côté de Fran – puisse les unir, et qu'Angela ne tombe dans un piège. Je la mets en garde, lui répète que Fran n'a qu'une seule idée en tête, me récupérer, car elle refuse d'admettre que je ne l'aime plus et que je ne reviendrai jamais avec elle. Angela m'affirme qu'elle ne nourrit aucune illusion sur les intentions de Fran, mais qu'elle attend cette garce de pied ferme, qu'elle possède elle-même quelques arguments solides, non ?

Et elle me rappelle par ailleurs que cette situation ne durera pas éternellement. Si tout fonctionne comme prévu, à court terme, nous nous passerons de

Fran.

— C'est vrai, mais Fran pense la même chose à ton sujet, lui dis-je. Même si elle se trompe sur toute la ligne. J'espère que tu ne doutes pas de moi ni de mes sentiments, au moins. Ce que tu fais pour moi est tout simplement incroyable, et sache que je…

— Je le sais. Je sais quels sont tes sentiments, comme toi tu n'ignores rien des miens. Fran n'a qu'à croire ce qu'elle veut, tant pis pour elle. Nous sommes entre adultes consentants, chacun prend ses responsabilités et assume ses actes.

Je pense au vieux slogan hippie « Faites l'amour pas la guerre ». Cool. Mais que fait-on, quand l'amour devient la guerre, et le lit un champ de bataille ?

9

Suis-je en train de perdre la femme que j'aime par ma seule faute ? Me serais-je autant abîmé au fil des années ? Aurai-je tant perdu ? Tellement plus que du temps ?

Le lendemain matin, chacun sur notre portable, Angela et moi recevons un texto de Fran, qui nous a regroupés en destinataires multiples. « J'ai encore mal partout, mais c'était bon. » Angela sourit à la lecture du message et y répond aussitôt, en refusant de me laisser lire ce qu'elle écrit. J'ai la désagréable sensation de déranger ces dames.

Comme nous flemmardons encore au lit, je me mets à caresser Angela et à couvrir lentement son corps de baisers, dans l'espoir que le mien réagisse. Mais rien, *nada, nothing*. Elle me prend dans sa bouche, dans sa main, entre ses seins, sans plus de résultats. C'est encore un peu trop tôt. J'ai encore besoin de Fran pour faire l'amour à Angela. Putain de malédiction qui me colle à la peau. J'aimerais tenir cet enfant de salaud de démon déjanté et particulièrement pervers qui m'a jeté ce sort. J'ai l'impression d'être un toxico en phase de sevrage, avec Fran dans le rôle de la drogue dont Angela m'aide à me désaccoutumer par paliers successifs.

En désespoir de cause, je m'empare du gode.

— Fait chier, soupire Angela. C'est quand même mieux en vrai. Surtout maintenant que j'y ai goûté (elle saisit ma queue).

Elle me retire le gode des mains et le repose. Elle envisage une autre solution. Qui s'appelle Fran. Elle n'a qu'un coup de fil à lui passer pour la faire rappliquer. Je grimace. Angela estime que nous devons profiter des instants où nous pouvons faire l'amour « pour de vrai », parce qu'ils seront plutôt rares, dans la mesure où nous-mêmes serons rarement disponibles tous les trois en même temps, sans les enfants, et que, justement, ce week-end, nous n'avons pas les enfants, ni les uns ni les autres. Je comprends que, pour l'occasion, Fran et Angela se sont arrangées entre elles et ont tout prévu. Et que je ne leur sers, moi, que de *sex toy*. Je jette un coup d'œil furtif au dildo, couché comme un pauvre concombre en latex en travers de la table de chevet. Est-ce que je ressemble à « ça » pour de bon ?

Angela me regarde avec étonnement. Un *sex toy* ? Ai-je sérieusement le sentiment d'être considéré comme un *sex toy* ? À bien y réfléchir, n'est-ce pas moi qui disposerais de deux femmes comme d'objets sexuels pour satisfaire mon bon plaisir ? Alors, si de temps à autre, ces objets choisissent eux-mêmes l'heure et le jour de leur utilisation, si chacun, ainsi, y trouve son compte, le marché devient-il inéquitable pour autant ? Ai-je de quoi me sentir lésé ou abusé ? Ai-je des raisons de me plaindre ?

Sans attendre ma réponse, Angela expédie un SMS à Fran. Qui sonne à la porte, quelques minutes plus tard.

— Va lui ouvrir, me dit Angela sur un ton quoi ne tolère aucune protestation.

Je sors du lit, nu, et vais accueillir Fran. Sur le seuil, elle me détaille de la tête aux pieds. Puis elle entre et me glisse à voix basse je crois que je vous tiens bien, non ? Joignant le geste à la parole, elle me ramène dans la chambre en me tirant par la queue comme s'il s'agissait d'une laisse.

— Tu as vu comme il est docile ? dit-elle à Angela avec un petit sourire ironique.

Angela me lance un regard amusé.

— Et maintenant, tu vas bander, là, sous mes yeux, vas-y, je te regarde. (Puis à Fran.) Branle-le un peu pour l'aider. Fais-nous durcir cette belle queue. Et après, c'est toi qui me la mettras. Je veux que ce soit ta main qui l'introduise en moi.

*

Ma nouvelle existence s'organise doucement. Je commence à travailler, à me constituer un minuscule réseau d'éditeurs. Pas de quoi gagner encore convenablement ma vie, mais mon appartement est payé comptant et j'ai des besoins limités.

Angela et moi recourons toujours à Fran, quand nous parvenons à faire garder les enfants. Ces conneries vont finir par nous coûter cher en baby-sitters, si je ne parviens pas rapidement à bander tout seul comme un grand. Mais Fran, d'ordinaire assez peu encline à la générosité, n'hésite pas à payer, même pour mes tours de garde, quand je suis vraiment trop fauché. Tu es ma petite pute, me dit-elle en l'absence d'Angela, je t'entretiens, c'est normal. Elle n'en démord pas, je lui reviendrai tôt ou tard, la queue entre les jambes, fièrement dressée pour elle. En attendant, Angela et moi avons imposé quelques règles strictes auxquelles nous ne dérogeons pas. Par exemple, nous avons établi notre terrain de jeu chez moi, qui constitue une sorte de zone neutre. Et Fran ne passe jamais une nuit entière avec nous. Nous baisons, et elle s'en va sans traîner. Pas de câlins ni de repos *post-coïtum* à trois. Angela et moi nous réservons ces moments privilégiés. Nos relations avec Fran demeurent purement sexuelles. Hors de question, pour moi, de renouer tout contact autre que physique, hors de question pour Angela d'en faire sa meilleure amie.

En ce qui concerne l'écriture, mon roman ne marche pas très fort, ce qui ne m'empêche pas de me consacrer au suivant. Pour m'aider à générer quelques ventes, à me faire un peu connaître des lecteurs, Kate organise une séance de signatures dans sa librairie. Angela m'accompagne. Ainsi rencontre-t-elle Kate pour la première fois. Le courant passe bien entre elles, sans qu'elles aient à se forcer, ce qui me réjouit. Kate me dit, en aparté, sur le ton de la plaisanterie, ça me fait drôle de te voir avec quelqu'un d'autre que Fran, mais je m'habituerai à la nouvelle. Et à peine a-t-elle achevé sa phrase que Fran pénètre dans la librairie.

Kate pâlit légèrement, puis se reprend lorsque Fran, tout sourire, vient l'embrasser avant d'embrasser Angela et de finir par moi. Mais lorsqu'elle constate que nous sommes tous deux mal à l'aise, elle affiche de nouveau un air circonspect.

— Nous avons déjà fait connaissance, lui dit Fran en nous désignant.

Kate regarde Angela, qui lui sourit un peu gauchement en baissant les yeux. Fran s'approche d'elle et lui demande, en parlant de moi, ça ne te dérange pas si j'attends avec toi qu'il finisse ? Elles se dévisagent toutes deux sans expression particulière, avant qu'Angela ne déclare :

— Ce n'était pas prévu, non ?

— Non, c'est une surprise.

Elles s'écartent et continuent à bavarder plus loin, dans la librairie, tandis qu'une lectrice s'approche timidement, mon livre à la main, pour une dédicace. Nous échangeons quelques propos, je signe, et elle s'en va. Kate vient à côté de moi.

— Tu m'expliqueras ? demande-t-elle à voix basse.

— Oui… oui.

Fran reste avec nous jusqu'à la fermeture de la librairie et nous propose d'aller au restaurant. J'invente un prétexte quelconque pour refuser, mais Angela accepte. Je me tourne vers elle, interloqué. Fran salue Kate et sort la première, suivie de près par Angela. Je m'apprête à sortir à mon tour quand Kate me rattrape par la manche.

— Écoute, je ne saisis pas tout ce qui se passe et c'est peut-être mieux. Et je suis désolée de jouer une fois de plus la vieille emmerdeuse, mais c'est pour ça que tu m'aimes, non ? Alors pense simplement que vous avez un enfant. Un jeune enfant à protéger. Pense à Nino, d'accord ?

Je hoche la tête, l'embrasse et rejoins les filles à l'extérieur. Fran nous conduit dans un restaurant situé à deux pas. Je n'en reviens pas qu'elle ait choisi celui-ci en particulier ; notre restaurant d'amoureux, lorsque nous l'étions encore l'un de l'autre.

— Je considère que nous prenons un nouveau départ, me confie-t-elle en douce au moment où nous entrons dans l'établissement. Alors j'ai trouvé ça bien de redémarrer ici.

— Redémarrer quoi ? Je…

Je ne termine pas ma phrase, car Angela, qui est passée devant nous, se retourne tout à coup et me sourit avec l'air de s'interroger sur ce que Fran et moi complotons. Ce sourire cache-t-il une pointe de désapprobation ou d'agacement ? Nous a-t-elle entendus ?

On nous installe à une table ronde, si bien que chacun se retrouve assis à égale distance des deux autres. Un pur bonheur géométrique. Nous commandons un apéritif, et j'éprouve un léger embarras lorsque nous levons nos verres silencieusement, à l'initiative de Fran, comme trois vieux amis réunis autour d'un bon repas, mais sans savoir quoi se dire. Fran et Angela s'observent de nouveau en buvant une gorgée, et moi je les observe s'observer. Ambiance…

Fran brise la glace en me posant quelques questions sur « la vie » de mon roman auprès des lecteurs que j'ai rencontrés aujourd'hui et enchaîne avec des généralités. Puis, petit à petit, la conversation s'établit, et j'ai du mal à me convaincre que je vis réellement cette situation, où me voilà – contrairement à ce qui était prévu – à copiner avec une femme que je n'aime plus et que je viens de quitter après quinze ans de vie commune mais que je baise encore, en compagnie de ma nouvelle chérie que j'adore mais que je ne suis capable de toucher qu'en présence de mon ex – la seule des deux qui me fasse bander à ce jour tout en me tapant sur les nerfs comme personne. Et pas le début d'une idée pour me sortir de ce guêpier.

La discussion vire à ce point amicale qu'Angela et Fran en viennent à évoquer leurs fleurs préférées et à parler chiffons, avec moi au milieu qui crois rêver. Surréaliste. J'ai du mal à cacher ma tension, si bien qu'Angela me fait signe, à plusieurs reprises et à l'insu de Fran, de me calmer.

À un moment, je me rapproche légèrement d'elle et pose ma main sur sa cuisse, sous la table. Puis je remonte lentement sous sa jupe, jusqu'à son pubis. Presque aussitôt, la main de Fran se pose sur la mienne et incite Angela à écarter un peu ses jambes. Elle n'oppose aucune résistance et offre son sexe. J'y enfonce un doigt tout doucement, et Fran un second.

— On demande l'addition ? lance Angela, les joues en feu.

Nous ramenons nos mains sur la table, Fran suce rapidement son doigt. Enfin, nous payons et nous dépêchons d'aller chez moi.

De longues minutes après que nous avons fait l'amour – à l'issue d'ébats au cours desquels Fran s'est particulièrement occupée d'Angela, plus que d'habitude, je veux dire, ce qui ne m'a pas forcément plu – nous somnolons encore tous trois au lit, et Fran ne manifeste aucune intention de nous quitter pour nous laisser finir la nuit à deux.

— Il faut que tu partes, lui dis-je sur un ton dépourvu d'aménité.

— Hmmm… tu es dur avec moi, répond-elle dans un miaulement.

Elle s'étire de tout son long et se retourne vers Angela pour la rallier à sa cause.

— Il a raison, lui confirme Angela. C'est ce dont nous sommes convenus.

— Les conventions… Est-ce que vous trouvez que nous sommes des gens conventionnels ? Nos rapports sont-ils conventionnels ? Et à propos de rapports, nous pourrions peut-être faire autre chose que baiser, non ? Je ne sais pas, c'était sympa, ce soir, le restau. Nous pourrions recommencer, sortir, faire des trucs.

— Écoute, pour l'instant, ce que nous pourrions faire, c'est dormir, mais toi dans ton lit, et Angela et moi dans le nôtre.

— O.K., O.K…

Elle se lève, s'habille et, pour la première fois avant de sortir de l'appartement, nous embrasse tous les deux sur la bouche, longuement.

— Tout ça commence à me déplaire sérieusement, dis-je à Angela lorsque nous sommes seuls.

Puis je lui reproche de ne pas se montrer assez ferme avec Fran, de me laisser faire le sale boulot. Je la trouve même finalement bien proche de cette femme avec laquelle elle prétendait n'avoir aucun point commun ni aucune affinité. J'ai parfois l'impression de gêner, d'être de trop, ce qui est un comble.

— Mais… tu es jaloux ? demande Angela en poussant un petit rire. Tu es jaloux de Fran et moi ?

— Agacé, pas jaloux.

Angela me regarde d'un air entendu. Pour elle, il ne faut pas confondre fermeté et manque de courtoisie ou goujaterie. Je la remercie au passage de me traiter de goujat, et elle répond de rien. Elle ajoute que comprendre ce que peut ressentir Fran ne signifie pas l'aimer ni devenir proche d'elle. Angela est une femme prête à certaines choses pour l'homme qu'elle aime, c'est-à-dire moi ; Fran est une femme prête à certaines choses pour l'homme qu'elle aime, c'est-à-dire moi aussi. Voilà bien le seul point commun qu'Angela se reconnaisse avec Fran. Elles sont rivales. Rivales amoureuses. Et, d'une certaine manière, oui, ça constitue un lien entre elles. Et pas des moindres, que ça me plaise ou non. Mais Angela sait très bien où elle va, elle, et se fiche que Fran se perde en route. Elle me le répète encore une fois, nous sommes des adultes consentants et responsables de nos actes. Et après tout, si moi aussi je sais où je vais, si je n'ai réellement aucun doute, Fran ne devrait pas me poser plus de problème que ça, je ne devrais rien avoir à craindre de ses manœuvres, si ?

Je lui demande si elle cherche à me pousser dans les bras de Fran à seule fin de m'éprouver, de tester la force et la sincérité de mes sentiments pour elle, de balayer le moindre doute dans mon esprit, voire la moindre hésitation entre l'une ou l'autre qui pourrait encore me tirailler. Elle me considère un instant puis se fend d'un large sourire et me dit que je ne suis pas si bête que ça pour un homme. Vraiment, pas si bête. Mais ça ne me fait pas rire.

Le lendemain, en fin d'après-midi, elle me téléphone de chez elle. Elle me remercie pour les fleurs.

— Quelles fleurs ?

— Celles que tu m'as fait livrer, idiot. Il a suffi que j'en parle hier soir, et hop, j'ai un magnifique bouquet aujourd'hui. Tu es un vrai gentleman, et là... là je craque, tu vois, je ne suis qu'une faible femme, alors devant un bouquet de fleurs offert par mon homme, je craque, c'est comme ça.

Génial. Sauf que les fleurs, ce n'est pas moi. Je n'ai pas fait livrer ce putain de bouquet. Y a-t-il une carte d'accompagnement ? Non. Un silence pèse de tout son poids sur la ligne.

— Tu crois que ?... se hasarde Angela, après quelques secondes, sans achever sa question.

— Oui, je crois que.

— Fran ? Tu veux rire ?

J'aimerais bien. Mais non. Je ne ris pas. Pas plus maintenant que dans les jours qui suivent et qui, à la longue, finissent par se transformer en semaines.

Nous évoluons à trois depuis fin septembre, et nous voici en décembre, à l'approche des fêtes. Fran a suggéré que nous les passions tous ensemble, avec les enfants. Elle aimerait rencontrer Lou. Ce n'est pas la première idée saugrenue du genre qu'elle nous soumet. Depuis quelque temps, il y en a presque une par jour qui fuse. À quand celle de vivre tous ensemble sous le même toit ?

En fait, depuis le jour de ma signature dans la librairie de Kate et son intrusion, Fran s'évertue par tous les moyens à modifier les rapports qui nous unissent tous les trois et que nous peinons de plus en plus, Angela et moi, à maintenir sur un plan purement sexuel. Nous ne désirons aucuns rapports intimes, ni amicaux, ni cordiaux, ni autres que sexuels. Et quand je serai de nouveau capable de bander tout seul comme un grand sans elle, nous n'entretiendrons même plus de rapports sexuels.

J'essaie régulièrement de faire l'amour à Angela sans la nécessaire présence de Fran, mais même si je progresse, ce n'est pas encore ça.

— Et moi qui pensais que les mecs ne baisaient qu'avec leur bite…, m'a dit Angela la dernière fois. Il a fallu que je tombe sur un qui baise avec sa tête. Comme une femme.

Comme elle a vu que je goûtais peu la plaisanterie,

elle m'a donné un petit coup d'épaule et a ajouté :

— Hé, ne le prends pas mal, c'est aussi pour ça que je t'aime. Pour ta tête. Parce que c'est elle qui dirige ça (elle a délicatement recouvert mon sexe de sa main) et non le contraire. O.K. ?

Elle peut me dire ce qu'elle veut, ça ne m'empêche pas de cogiter, de remuer tout un tas de trucs pas très gais dans ma tête, de m'interroger, de douter de tout et de moi en particulier, de devenir parano, pourquoi pas. Il m'arrive souvent de croire que la présence de plus en plus envahissante de Fran entre nous deux ne lui déplaît pas tant. Et dernièrement, certains soirs où Angela et moi ne nous sommes pas vus car elle a prétendu être prise ailleurs, j'ai eu l'horrible intuition qu'elle voyait Fran.

J'hésite à lui poser la question franchement, de peur qu'elle ne m'accuse encore de lui faire une scène de jalousie ou de ne pas avoir confiance en elle. De peur aussi qu'elle ne s'emporte et me jette au visage : « À qui la faute ? À qui la faute si nous en sommes là ? » Alors je ne lui dis rien. Je garde mes craintes pour moi, même lorsqu'elles virent à l'angoisse et que ce poison me ronge comme de l'acide.

Suis-je en train de la perdre ? Suis-je en train de perdre la femme que j'aime parce que je n'aurai pas été capable de lui faire l'amour, de la faire se sentir désirable et femme à mes côtés, comme je me sens moi-même de nouveau homme grâce à elle ? Suis-je en train de perdre la femme que j'aime par ma seule faute ? Me serais-je autant abîmé au fil des années ? Aurai-je tant perdu ? Tellement plus que du temps ?

Angela, je t'aime plus que je n'ai jamais aimé personne, toi à qui je ne parviens pas à le montrer, toi à qui je ne peux que le dire, que le répéter à l'infini. Me crois-tu ? Mes mots te suffisent-ils ? Comprends-tu que j'ai peur de tout gâcher ? Comprends-tu que ce fardeau me tue à petit feu ? Comprends-tu que tu me tuerais si, lassée d'attendre, tu me quittais ? Comprends-tu que je mourrais d'être privé de ton amour ? Je ne mourrais de rien d'autre. Je vis de ton amour et je mourrais de son absence.

*

Juste avant le réveillon de Noël, le 23 décembre, alors que nous avons prévu de nous retrouver le soir, Angela me téléphone dans la journée pour annuler. Une amie de province a débarqué la veille à l'improviste et, maintenant qu'elle a vu la famille, elle fait le tour des copines. Elle repart le lendemain matin. C'est un cas de force majeure, non ?

Vers vingt et une heures, je me prépare un plateau télé et me cale devant une série. J'avale les deux épisodes en même temps que mon repas et décide de mettre à profit ma soirée en solitaire pour travailler à mon roman. Puis quand plus rien ne sort, je me glisse sous la couette avec un bon livre.

La sonnerie de mon téléphone me tire du sommeil. Je constate que ma lampe de chevet est allumée et que mon bouquin, toujours ouvert, est posé à l'envers sur mon torse. Je tends le bras, saisis mon portable et décroche.

— Allô, me dit Angela. Tu dormais ?

Elle pouffe en essayant de se contenir.

— Tu as bu ?

Elle pouffe de nouveau et me répond :

186

— Un peu. Juste assez.

— Assez pour quoi ?

— Pour te dire… que je ne suis pas seule. Que nous ne sommes pas seules.

— Je m'en doute. Tu me l'as dit cet après-midi, tu te souviens ?

Elle souffle dans le téléphone et m'annonce d'une voix sensuelle :

— Je t'ai menti, bébé. Il n'y a pas de copine de province…

— Quoi ?

— Attends, ne m'interromps pas. O.K. ? Bon. Il n'y a pas de copine de province. Il n'y a que moi… des hommes… et quelqu'un d'autre qui veut te dire bonsoir.

J'entends le portable changer de main et quelqu'un d'autre, en effet, me dire bonsoir. J'entends Fran me susurrer dans l'oreille, à propos d'Angela :

— Hmmm… c'est une bonne petite salope que tu nous as trouvée là, tu sais. Et quand je dis bonne, je sais de quoi je parle.

J'ai l'impression qu'on vient de me clouer au lit et qu'il pleut des flèches du plafond. J'ai l'impression que chaque parcelle infinitésimale de mon corps se fait transpercer à vif par cette pluie de pointes acérées. Je me redresse d'un bond, malgré tout, laissant ma peau punaisée au matelas. Je ne suis plus qu'un squelette vivant et à nu, endolori, hurlant dans le téléphone :

— Qu'est-ce que tu as fait ? Fran, qu'est-ce que tu as fait ?

Elle rit d'un rire mauvais.

— Ce que j'ai fait ? Ce que j'ai fait ? Tu rigoles ? Je n'ai rien eu à faire. Elle est assez grande pour le faire toute seule. C'est une vraie chienne en chaleur.

Elle rit de plus belle, et le téléphone change encore de main.

— Wouf, wouf, jappe Angela. C'est moi. C'est ta petite chienne en chaleur. Wouf, wouf. Tu es fier de moi ? Est-ce que tu es fier de ta petite chienne, bébé ?

Je reste pendu au téléphone, le souffle coupé, incapable de répondre. Et quand je retrouve l'usage de la parole, c'est pour dire :

— Ne m'appelle pas bébé. Ne m'appelle pas comme ça, tu m'entends ?

Je garde pour moi *parce que j'ai l'impression d'entendre Fran.*

— Est-ce que ça t'excite ? insiste-t-elle. Est-ce que je suis ta petite pute ?

— Oui, mais dis-moi où tu es, je viens te chercher.

— Réponds-moi, Katz, m'ordonne-t-elle avec un changement de ton dans la voix. Est-ce que je suis une salope ? Ta salope ?

— Angela, s'il te plaît…

— Ce qui me plaît, c'est que tu répondes à mes questions quand je te les pose, c'est si difficile à comprendre ? Alors je répète : est-ce que je suis une salope ?

Je ferme les yeux et les rouvre comme pour me réveiller vraiment d'un cauchemar. Je finis par lâcher :

— Oui.

Et je pense *non, Angela, je t'en supplie, ne fais pas ça, pas toi.*

— Bien, dit-elle froidement. Alors dis-le. Je veux te l'entendre dire.

— Tu es une salope.

— Ta salope ?

— Oui.

— Et ?

— Et j'aime ça.

Non je n'aime pas ça. Je n'aime pas ça avec toi. Je ne veux pas jouer à ça avec toi. Je ne veux plus de ça. Jamais.

— Moi aussi j'aime ça, soupire-t-elle. Moi aussi. Et je vais te montrer ce qu'est une salope. Une vraie belle salope. Tu veux, bébé ?

(…) je vais peut-être devoir choisir, en effet, (…) je vais peut-être devoir en passer par-là. (…) le moment est peut-être venu de choisir ce que je veux. Ce que je veux vraiment.

Je me lève et arpente mon appartement pour me calmer. Mais en vérité je tourne comme un fauve en cage – un fauve blessé – et je rumine mes idées noires, ma fureur et mes envies de meurtre. Je tourne et vire comme un con chez moi, en caleçon, au beau milieu de la nuit, complètement survolté.

Angela a raccroché depuis environ une heure quand on sonne à ma porte. Je me précipite pour ouvrir. C'est elle, flanquée de Fran. Elles me fusillent du regard puis baissent les yeux sur ma queue. Il va falloir me faire durcir tout ça, ricane Angela en avançant d'un pas, ce qui m'oblige à reculer. Elle avance d'un pas supplémentaire, droit sur moi. Je recule de nouveau. Tu entends ce que je te dis ? me demande-t-elle sévèrement. Elle avance pas à pas, tandis que je recule de même. J'aimerais lui parler, mais je ne peux pas. Je suis littéralement magnétisé par l'animalité qui se dégage d'elle en cet instant. Fran referme la porte derrière elle et pénètre à son tour lentement dans l'appartement.

Angela me fait ainsi reculer jusque dans la chambre sans avoir besoin de me toucher, par la seule puissance de sa présence, de son regard, de ce qu'elle dégage de si particulier cette nuit. Elle se déshabille un peu plus à chaque pas, en semant ses vêtements derrière elle. Si bien qu'elle arrive nue, uniquement chaussée de ses escarpins, devant le lit. Elle jette un coup d'œil sur mon boxer, et un petit sourire victorieux se dessine sur ses lèvres. Je regarde moi-même sans d'abord y croire. Mais c'est un fait, je bande. Et pas qu'un peu. Je bande pour Angela, pour elle seule. Et, plus important, par elle seule. Elle m'empoigne et me serre avec force, puis me chuchote à l'oreille, en parlant de Fran qui se déshabille dans mon champ de vision :

— Nous allons nous la faire. Nous allons nous faire cette salope, toi et moi, et ta queue sera pour moi. Ta queue est à moi.

Elle me bascule sur le lit et me regarde ôter mon caleçon. Puis Fran arrive, et, selon le souhait d'Angela, nous nous occupons d'elle. Nous nous en occupons si bien qu'elle lâche, alors qu'Angela la lèche pendant que je la pénètre par derrière avec le dildo :

— Je t'aime.

Nous nous interrompons, incertains d'avoir bien entendu.

— Quoi ? demande Angela, en sortant sa tête des cuisses de Fran.

— Je t'aime.

Angela la dévisage un court instant, incrédule, puis éclate de rire. Et ces éclats sont autant de gifles pour Fran, autant de coups de fouet qui la déchirent. Je le comprends à sa tête, car je la connais par cœur. Je vois qu'elle est meurtrie au plus profond et humiliée par cette réaction. Humiliée que nous puissions rire de ses sentiments, le jour où elle les dévoile, elle qui d'ordinaire les cache si bien.

— Qu'est-ce que tu racontes ? demande Angela.

— Hé, qu'est-ce que c'est que ces conneries ? j'ajoute en remuant le gode dans son cul.

— Aïe (elle vire ma main, retire l'accessoire, se redresse et s'adresse à Angela). Quoi, ça t'étonne ?

— Mais… tu es sérieuse ?

Fran ne répond rien. Et plus personne ne dit rien pendant un certain temps. Je crois que chacun prend la mesure des propos échangés.

C'est Fran qui reparle la première. Elle aime ce que nous vivons nous trois ensemble, oui, c'est vrai. Elle aime ce que nous faisons. Et ce que nous pourrions faire d'autre.

— Appelez ça comme vous voulez. Je ne sais pas, une révélation. Alors, oui, je t'aime, Angela. Et j'aime Katz. Mais ça, ce n'est pas un scoop.

— Non, Fran, tu ne m'aimes pas. Tu refuses de me perdre, ce qui est très différent. Tu refuses de me perdre parce que tu estimes que je t'appartiens et que ton orgueil en a pris un coup quand je t'ai quittée. Nous en avons déjà suffisamment discuté.

Elle soupire et affirme que je ne comprendrai décidément jamais rien à rien. Alors je lui rétorque que j'en ai autant à son service. Elle se tourne vers Angela, qui lui dit :

— Mais moi je ne t'aime pas. Je ne t'ai jamais aimée et je ne t'aimerai jamais. C'est lui que j'aime, et lui seul. Tout ça, nous trois, comme tu dis, ça n'existe pas. C'est juste un plan cul, pour nous. Rien de plus. Je ne sais pas ce que tu as imaginé, mais tu t'es trompée. Tu t'es bien plantée.

— Un plan cul ? Juste un plan cul ? Tu veux me faire gober ça ? Toi ? Dis-moi que ça ne te fait rien, vas-y. Dis-le-moi sérieusement. Dis-moi qu'il ne se passe rien entre toi et moi. Dis-le-moi dans les yeux. Dis-moi que tu ne ressens rien.

Elles se dévisagent, chacune prête à bondir sur l'autre. Le premier coup de griffe vient de Fran. Elle se jette sur Angela et tente de lui retourner une série de claques, une main après l'autre, en criant espèce de salope, dis-moi que tu ne ressens rien. Mais Angela esquive plus ou moins, l'empoigne par les cheveux et, en lui secouant la tête comme un prunier, lui ordonne de se calmer. Fran se dégage et parvient à atteindre Angela à la joue, d'une gifle bien sonore. Angela se recule et lui en renvoie une deux fois plus forte. Fran lui crache au visage et lèche aussitôt. Puis elle s'allonge sur le dos, écarte les jambes en grand, relève le bassin et lui dit, d'une voix rauque et brisée :

— Vas-y, elle est à toi. Elle est à toi, fais-en ce que tu veux.

Angela s'empare du dildo et pénètre Fran sans ménagement.

— Baise-moi, me dit-elle ensuite sèchement. Baise-moi par-derrière.

Je m'exécute sans tarder, car je suis excité comme jamais. Mes va-et-vient dans les fesses d'Angela m'arrachent des cris de douleur plus que de plaisir. Mais le plaisir finit par arriver. Et nous libère tous les trois. Nous gueulons comme des animaux en rut ou en lutte. Puis Angela et Fran éclatent en sanglots immédiatement après avoir joui. Et ma queue reste ferme et gonflée à bloc, complètement à vif. Sensible au moindre contact, au moindre souffle d'air qui fait l'effet d'un coup de canif. Je contemple ce monstre qui palpite et qui dodeline entre mes jambes, indépendamment de ma volonté, qui semble avoir sa propre existence. Je contemple ce monstre turgescent, faible et puissant, lourd et encombrant, ce monstre, prolongement de moi-même dont j'avais perdu la maîtrise, mais que je commence enfin à réapprivoiser.

Je m'effondre à côté des filles. Elles se calment peu à peu. Une fois encore, nous sommes obligés de prier Fran de partir. Elle se penche pour embrasser Angela, qui détourne la tête en lui disant non, s'il te plaît. Elle manifeste son dépit mais n'insiste pas. Les traits tendus, elle se rhabille et sort de chez moi sans un mot ni un regard supplémentaires.

Angela et moi demeurons étendus en silence encore un long moment. Je finis par déclarer :

— Il faut arrêter tout ça.

— Oui.

Elle se blottit dans mes bras. Écrasés de fatigue, à présent que la tension est retombée, nous nous endormons.

Au matin, nous nous réveillons dans la même position. Je commence par embrasser doucement Angela, par petites touches, à différents endroits de son corps. Puis, tout en continuant à passer mes lèvres sur sa peau, je me mets à la caresser. Et le miracle s'opère. En même temps que le désir monte en moi, un frétillement se fait ressentir entre mes jambes. Je saisis la main d'Angela pour l'y conduire. Elle me décalotte très lentement et bien à fond, ce qui produit l'effet escompté. Et pour la première fois depuis des mois, nous faisons enfin l'amour. Sans avoir besoin de personne. Seulement poussés l'un vers l'autre par le désir que nous nous inspirons mutuellement. Nous faisons l'amour simplement, avec douceur et tendresse, de façon limpide et lumineuse. Au moment de jouir, j'ai réellement l'impression d'entrer dans un tunnel de clarté, comme dans ces fameuses expériences de mort imminente. Après tout, n'appelle-t-on pas l'orgasme « la petite mort » ?

— Hé, qu'est-ce que c'est ? demande Angela en s'essuyant la joue ? Tu pleures ?

Je me rends compte que je viens de laisser échapper une larme, en effet.

— Mon amour, dit-elle en me serrant contre elle. Je t'aime… je t'aime.

Je crois revivre. Je crois m'être extirpé d'une gangue ou d'une chrysalide dans laquelle j'étouffais. Après cette petite mort, je renais, avec la certitude qu'un nouveau cycle de la vie, pour moi, va se mettre en mouvement à partir de maintenant. Et si j'ignore où il m'entraînera, je sais dans quelle direction j'aimerais le voir tourner. Je sais aussi qui j'aimerais voir entrer dans la ronde. Et qui en est sorti définitivement.

Je regarde Angela, et l'envie de la demander en mariage me prend tout à coup. C'est idiot. Je n'ai jamais cru à cette institution. Il faudrait déjà que nous commencions par vivre sous le même toit. Ça ne va pas être une mince affaire. Je ne la sens pas encore prête à franchir ce cap et j'ai peur de l'en décourager définitivement si je la presse trop. Mais quand même, je me vois bien un genou à terre devant elle, bague offerte dans son écrin, prononcer : « Angela, veux-tu m'épouser ? »

— Ça va ? me demande-t-elle en me regardant dans les yeux.

— Oui… oui.

— Tu avais l'air perdu dans tes pensées.

— Angela… tu… je… laisse tomber.

Elle sourit et passe une main dans mes cheveux en me disant :

— Oui, c'était bien, si c'est ce que tu veux savoir. Très bien, même.

Plus tard dans la soirée, Fran qui a la garde de Nino en ce jour de réveillon, me téléphone en m'annonçant :

— Ton fils voulait te souhaiter un joyeux Noël.

Elle reprend ensuite la communication pour me dire qu'elle m'embrasse et qu'elle voudrait également parler à Angela. Je la lui passe.

— Merci, à toi aussi, dit Angela en réponse à ce que lui dit Fran. Non… non, je ne crois pas que ce soit une bonne idée… Ça va être difficile… attendons la fin des vacances scolaires, d'accord ? Oui, bonne soirée.

Elle raccroche et me rend mon portable.

— Il va falloir qu'on lui parle, soupire-t-elle. Le plus tôt sera le mieux.

*

Fran amène Nino chez moi, le lendemain, pour la seconde moitié des congés. Elle lui demande d'aller jouer dans la chambre et me dit qu'elle accepterait volontiers le café que je ne lui ai pas proposé. Je prépare deux expressos et les apporte au salon.

J'ai largué Patrice, lâche Fran de but en blanc, au moment où je dépose sa tasse devant elle. Si elle s'est mise avec lui, poursuit-elle, c'était avant tout pour me faire réagir, pour me rendre jaloux. Et aussi parce que, après mon départ, elle était complètement à la dérive. Il l'a littéralement portée à bout de bras. Elle en avait

196

besoin. Le problème, c'est qu'elle n'est pas amoureuse de lui, ne l'a jamais été et ne le sera jamais. Parce qu'il n'est pas moi. Parce qu'il n'est pas nous. Le problème, maintenant, c'est qu'elle est amoureuse de nous. De nous trois ensemble. De cette entité hybride que nous formons. Elle n'a pas peur de le dire. Amoureuse. A-mou-reu-se. Est-ce que j'entends bien ?

— Fran... je sais que tu es prête à tout pour me récupérer, mais...

Elle a un petit geste d'agacement et fait butter sa langue sur ses dents. Pourrais-je la prendre au sérieux deux minutes et cesser de croire qu'elle n'agit que par calcul, ou par orgueil, ou par n'importe quelle autre connerie de mon invention ? D'accord, elle a merdé par le passé. Dans les grandes largeurs. O.K. Mais qui ne se trompe jamais ? Qui n'a pas droit à une seconde chance ? Ce qui nous arrive, cette histoire à trois, ne peut-il pas être considéré comme une seconde chance qu'il serait stupide de louper ? Elle-même s'en étonne la première, bien sûr. Me partager, avec une femme qui plus est, et prendre du plaisir dans cette relation, y trouver son épanouissement, bien sûr qu'elle ne s'attendait pas à ça. Qui pouvait s'y attendre ? Moi ? Angela ? Non, pas plus qu'elle. Il faut simplement ne pas lutter et accepter cette évidence. Il faut avoir le courage d'admettre que cet équilibre nous convient à tous les trois.

J'avale une gorgée de café avant de lui répondre. Oui, elle a eu raison de quitter cet homme qu'elle n'aime pas. Et oui, elle doit se reconstruire pour, seulement après, envisager de refaire sa vie, et rencontrer quelqu'un dont elle sera vraiment amoureuse.

— Mais je l'ai rencontré. Je vous ai rencontrés, précise-t-elle en insistant bien sur le « vous ». Je vous ai rencontrés, car nous ne nous sommes jamais vraiment quittés, toi et moi.

Je reconnais pour moi-même que, sur ce dernier point, elle a raison et que là c'est moi qui ai merdé dans les grandes largeurs. Je n'aurais jamais dû accepter de la mêler à notre vie sexuelle, j'aurais dû rejeter dès le départ la solution d'Angela à mon problème et ne pas jouer avec le feu.

Je lui affirme néanmoins qu'elle s'est malheureusement trompée dans les intentions qu'elle nous prête, concernant nos parties à trois. Ce n'est qu'un jeu, pour nous, ça n'a toujours été que ça et rien d'autre. Un jeu auquel nous pensions qu'elle aimerait jouer elle aussi, mais sans s'investir autrement que sexuellement.

— Je ne t'aime plus, Fran, accepte-le, sinon tu n'avanceras pas et tu seras malheureuse. Nous deux ensemble, ce n'est plus possible, et nous trois ça ne l'a jamais été. Nous ne l'avons envisagé à aucun moment. Et il vaut mieux arrêter là. Je suis désolé pour tout ça, sincèrement. Si tu as pu croire que… enfin si tu as cru des choses… je te demande pardon.

Elle pince ses lèvres et durcit subitement le ton. Nous nous sommes bien foutus d'elle. Nous nous en sommes bien servis et à présent nous la jetons comme un Kleenex. Mais qui sommes-nous ? Quelles sortes de monstres sommes-nous pour disposer ainsi des gens et les humilier ainsi ? Pour jouer avec leurs sentiments et les piétiner le moment venu ? En dépit de tout ce que je peux lui reprocher, elle me réaffirme qu'elle n'a jamais joué avec moi, elle, qu'elle a toujours été sincère, qu'elle m'a toujours aimé, même si moi je ne l'ai pas toujours crue. Alors quelles sortes de monstres sommes-nous ?

Elle fond en larmes, silencieusement, et me supplie de ne pas la laisser ainsi, de ne pas l'abandonner de cette manière, pas après ça, pas de cette façon. Elle a l'impression de devenir folle, de n'être plus rien, elle a l'impression qu'elle va mourir de chagrin. Je la prends par les épaules et l'aide à se lever du canapé. Puis je l'accompagne délicatement vers la porte en lui rappelant que Nino est juste à côté et qu'il ne vaudrait mieux pas qu'il la voie dans cet état. Elle se laisse conduire jusqu'au seuil. Je lui demande de sécher ses larmes, elle me répond dis à Angela de m'appeler, et je referme doucement la porte derrière elle.

— C'est notre faute, me dit Angela, à qui je résume la discussion, plus tard dans la journée.

Je chasse ses scrupules d'un geste de la main et lui garantis que Fran s'en remettra, comme du reste.

— Son orgueil vient d'en prendre un petit coup supplémentaire, c'est tout.

Angela ne partage pas cet avis et me reproche mon manque de compassion ainsi que mon aveuglement. Est-il si compliqué, pour moi, de comprendre que Fran souffre réellement ? Qu'elle ne feint pas ses sentiments, contrairement à ce que je pense, ou à ce qui m'arrange de penser pour m'éviter tout problème de conscience ? Nous avons été deux beaux salauds égoïstes, autant l'avouer, ça ne changera rien, de toute façon.

— Ne dramatise pas. Je la connais mieux que toi et…

— Ah oui ? Tu la connais mieux que moi ? Eh bien

moi je crois que tu ne connais pas cette femme avec qui tu as vécu quinze ans et à qui tu as fait un enfant. Je ne te juge pas, il y a sûrement des raisons à ça. Mais non, je ne crois pas que tu la connaisses si bien. Je crois que moi, en tant que femme, je la connais mieux que toi. Je la comprends mieux, en tout cas.

— Hé, attends. Mais elle a raison. Tu ressens des choses pour elle, c'est ça ? Toi aussi tu ressens des choses pour elle ?

— Ce que tu peux être con, par moments. Et tellement… masculin dans tes raisonnements.

— Excuse-moi. Excuse-moi d'être un homme. C'est censé être une insulte ?

Nous nous taisons, conscients que nous risquons de nous balancer des horreurs et soucieux d'éviter toute parole regrettable que nous ne penserions pas.

La journée se passe en demi-teinte. Par bonheur, nous nous réconcilions le soir sur l'oreiller. Mais les jours qui suivent virent au cauchemar. Fran nous harcèle, elle nous noie sous les messages d'insultes puis d'excuses. Elle vient tambouriner à ma porte et m'injurie sur le palier, car je ne lui ouvre pas. Le comportement de sa mère inquiète Nino. Je me contente de lui expliquer qu'elle est très fatiguée mais que ça ira mieux dans quelque temps. Angela reçoit des fleurs, accompagnées d'un mot d'amour, et moi une petite culotte souillée avec un Post-it sur lequel est inscrit « lèche-moi, je mouille pour toi ». Dans l'espoir qu'elle se lasse et finisse par se calmer, nous ne répondons à rien ; ni aux injures, ni aux excuses, ni aux témoignages d'amour.

Début janvier, pour la rentrée scolaire, Fran m'attend devant l'école. Elle me saute dessus et me promet de ne pas me laisser m'en tirer à si bon compte. Je la reconnais à peine. Son visage marqué par la haine et la fatigue m'est devenu étranger.

Peu après, je reçois un coup de fil de Kate. Elle s'inquiète. Fran a entrepris de récupérer la garde exclusive de Nino et a saisi le tribunal, suis-je au courant ? Elle demande à tout le monde de produire des courriers, des attestations qui me traînent dans la boue et remettent en cause mes qualités de père ainsi que mes capacités à éduquer mon fils. Mais ce qui alarme davantage Kate, c'est l'état psychologique de Fran. Elle semble folle, irrationnelle. Dans ses mots comme dans ses actes. Et très fatiguée. Au bout du rouleau.

Bien qu'elle agisse manifestement de manière démente, ses manœuvres ne tardent pas à payer. J'ignore ce que Fran leur raconte et comment elle parvient à les embobiner, mais bientôt, tous ceux que je considérais comme des amis me tournent le dos sans explication. Et lorsque Angela est avec moi, certains regards pèsent sur elle, dans la rue ou chez les commerçants, et des messes basses circulent sur notre passage.

La folie destructrice de Fran n'épargne pas Nino non plus. Il se met à avoir des tics, son sommeil devient agité. Un jour, il me demande s'il a le droit d'embrasser Angela ou si c'est mal. Car sa mère lui interdit de l'embrasser et d'être gentil avec elle. Elle prétend qu'Angela est méchante, que je les ai abandonnés à cause d'elle. Puis elle pleure et dit regarde comme papa me fait pleurer à cause d'Angela, regarde comme ils sont méchants tous les deux.

Plus nous ignorons ses assauts, plus Fran se

déchaîne. Elle inonde nos boîtes mail et sature nos messageries. Toujours dans une alternance incontrôlée d'insultes, d'excuses, de déclarations amoureuses, de supplications, de menaces. Je retrouve ma voiture vandalisée, et Angela la porte de chez elle recouverte de merde, dans laquelle est tracé le mot « SALOPE ». Fran l'agresse même verbalement devant chez elle, un après-midi où elle rentre de l'école avec Lou, expliquant à la petite, terrorisée et en pleurs, que sa mère est une putain et une mauvaise femme.

Alors entre la culpabilité qu'elle ressent et l'enfer que nous fait vivre Fran, Angela craque à son tour et affirme qu'elle n'aura pas la force de subir ça encore très longtemps. Elle envisage de partir. Loin d'ici. Nous pourrions nous installer ailleurs.

— Je comprends, mais j'ai Nino. Comment faire avec Nino ? Je ne peux pas m'éloigner de lui. Surtout si Fran me traîne bientôt au tribunal pour me le retirer complètement.

Angela me rétorque que je vais peut-être devoir choisir, en effet, que je vais peut-être devoir en passer par-là. Que le moment est peut-être venu de choisir ce que je veux. Ce que je veux vraiment. Je trouve ce choix qu'elle m'impose cruel et injuste. Ne sait-elle pas ce que je veux vraiment ? Ne sait-elle pas à quel point je l'aime ?

— Ce n'est pas moi qui suis cruelle et injuste. En tout cas, pas avec toi. Ce n'est pas avec toi que je l'ai été.

Quelques jours plus tard, en pleine journée, l'hôpital me téléphone. Les pompiers y ont conduit Fran, eux-mêmes alertés par la femme de ménage qui l'a trouvée chez elle, inconsciente, des tubes de comprimés vides autour d'elle. Mais elle n'est plus en danger, à présent, bien qu'encore extrêmement faible. Physiquement et psychologiquement, précise l'infirmière, avec l'air de me le reprocher. Je la remercie et raccroche. Puis j'appelle aussitôt Angela pour la prévenir.

— Oh non… non, dit-elle. Qu'avons-nous fait ? Qu'avons-nous fait ?

Elle se met à pleurer au bout du fil.

— Va la voir, reprend-elle. Va la voir et tiens-moi au courant.

Je n'ai pas envie. Je n'ai aucune envie de rendre visite à Fran dans sa chambre d'hôpital, après tout ce qu'elle nous a fait subir. Je n'ai aucune envie de me précipiter auprès d'elle, fût-ce à son chevet.

J'appelle Kate pour l'informer du drame à son tour. Elle étouffe un sanglot. J'entends une cliente lui demander si elle va bien. J'avais oublié que la librairie était ouverte à cette heure-ci. Elle lui répond, oui, excusez-moi, je vous laisse avec ma collaboratrice. Puis elle me dit attends, je descends dans mon bureau. Je l'entends marcher, gravir les marches et s'enfermer dans sa pièce.

— Passe me chercher. Nous allons la voir ensemble. Je préviens Sofian, il s'occupera des enfants après l'école. Oh, mon Dieu… mon Dieu… je t'attends.

Lorsque nous pénétrons quelques minutes plus tard dans sa chambre, Fran est endormie. Ou plutôt est-elle toujours inconsciente. Je la regarde, branchée à sa perfusion. Drôle d'impression que de la voir ainsi terrassée, anéantie, elle, la plus forte de nous trois, pourtant ; elle, la guerrière, le chêne qui n'aura pas su plier. *Qui n'aura pas supplié*, ne puis-je m'empêcher de penser.

Kate s'approche d'elle et caresse les cheveux collés sur sa tempe. Sans doute devrais-je moi aussi éprouver du chagrin, ou de la peine, ou de la compassion, mais je ne ressens rien que de la colère devant son manquement le plus élémentaire à son devoir de mère. Là où Kate voit avant tout une amie en souffrance, et probablement une femme blessée, moi je ne vois qu'une mauvaise mère, égoïste et orgueilleuse, qui a fait un caprice sans penser une seconde à son fils ; son fils qu'elle est en train de démolir et qu'elle s'acharne à séparer de son père, car elle a décidé d'en faire un instrument de guerre entre nous. De la colère, voilà tout ce que m'inspire cette situation.

J'en suis là de mes réflexions, lorsqu'un type fait irruption. Il jette un œil sur Fran, constate qu'elle dort, adresse un signe de tête à Kate puis me dévisage enfin, l'air mauvais. Espèce de salaud, me balance-t-il, juste avant son poing dans la gueule. Sous l'effet de l'impact, je recule et m'écroule le cul sur une chaise, située à courte distance derrière moi. Kate pousse un petit cri, puis plaque sa main sur sa bouche par crainte de réveiller Fran. Je regarde le type en palpant ma pommette et trouve le moyen de ricaner.

— Patrice, je suppose ?

Ma réaction le décontenance, et le temps qu'il bouge, deux infirmiers arrivés en trombe viennent le ceinturer. Ils lui ordonnent de se calmer, sous peine d'appeler la police, et le prient de quitter les lieux. Il s'en va comme un con, épaules voûtées et tête basse, sans plus regarder personne.

L'un des infirmiers observe ma joue et conclut que

ce n'est pas très méchant. Il suffit d'un peu de pommade et de beaucoup de patience pour que l'ecchymose disparaisse. Il va chercher un tube dans la salle des infirmiers et revient m'appliquer quelque chose de gras à l'endroit du choc. Puis il repart.

Kate vient s'asseoir à côté de moi.

— Qu'est-ce que tu vas faire ? me demande-t-elle au bout d'un instant de silence.

— Je crois… je crois que je vais prendre les choses dans l'ordre. D'abord m'installer avec Angela. Sous le même toit, je veux dire. Elle est encore un peu réticente, mais je vais lui parler. Ensuite, si elle veut, si elle le juge important, j'aimerais reconnaître la petite, Lou. J'aimerais donner un père à cette gamine, et quoi qu'en dise Fran je pense être un bon père. Et puis, pourquoi pas un autre enfant. Et un mariage.

— Un mariage ? Toi ? Eh bien…

— Oui, eh bien, comme tu dis. Mais je l'aime, tu sais. C'est elle la femme de ma vie. Et tu n'imagines pas ce que je lui dois. Et avant tout ça, je dois me battre au tribunal pour la garde de Nino.

— J'espère que Fran changera d'avis, soupire Kate. Je le souhaite de tout cœur.

Nous restons encore quelques minutes à veiller Fran endormie. Mais je finis par dire à Kate que Nino a davantage besoin de moi qu'elle, surtout dans ce contexte si particulier, et que je vais rentrer. Elle me répond que j'ai raison et repart avec moi. Elle reviendra demain.

Dans le couloir, nous croisons la mère de Fran. Elle me lance un regard assassin et me jette, sur un ton plein d'aigreur, que je peux être fier de moi. Je la laisse à ses jérémiades, je ne suis pas d'humeur à ferrailler avec cette vieille chouette.

De retour chez Kate et Sofian, où Nino m'attend, je lui explique que sa mère a eu un léger malaise dû à la fatigue, rien de grave, que ça arrive parfois, qu'elle se repose à l'hôpital, qu'il pourra la voir bientôt, mais qu'elle aura encore sans doute besoin de se reposer quelque temps. Comme personne autour de lui ne dramatise, il ne s'inquiète pas plus que ça et décide de me faire confiance.

Sofian nous invite à dîner avec eux. J'accepte. Le temps qu'il prépare le repas et que Kate nous serve quelque chose à boire, je téléphone à Angela et la rassure sur l'état de santé de Fran.

— Occupe-toi de Nino, me dit-elle. Le temps nécessaire, O.K. ? Prends soin de lui et ne précipite pas les choses. Nous nous verrons dès que ce sera plus facile. Nous ne sommes pas à quelques jours. Je m'en veux tellement… tellement.

Je lui annonce que j'ai beaucoup réfléchi à nous, ces derniers temps, et que l'avenir, malgré les apparences, me semble des plus radieux. Et très simple.

— Il suffit de savoir ce qu'on veut, non ? lui dis-je sur un ton léger, en référence à ses récentes paroles.

— Si… si. Prenez bien soin de vous et… Prenez bien soin de vous.

— Vous aussi, mesdemoiselles. On vous embrasse.

Fran quitte l'hôpital en début de semaine. Elle me téléphone et me demande un dernier rendez-vous à trois, une dernière conversation, une dernière explication. Juste ça, me jure-t-elle. Juste parler. Elle en a besoin pour passer à autre chose.

J'en discute avec Angela. Elle me répond qu'on doit bien ça à Fran. Mais je ne suis pas d'accord. Je pense qu'au fond, dans cette histoire, personne ne doit rien à personne. Angela insiste, et nous nous disputons. Même quand elle n'est pas là, Fran nous pourrit la vie. Alors pour en finir une bonne fois pour toutes, je cède et accepte d'organiser une rencontre chez moi.

C'est au dernier étage d'un immeuble pourtant paisible, situé dans l'un des quartiers populaires de la ville, que le drame s'est joué. En ce jeudi soir, vers 20 heures, des voisins ont été alertés par « trois coups de tonnerre qui ressemblaient à des explosions » et ont d'abord pensé à une fuite de gaz. L'un d'eux est allé toquer à plusieurs reprises chez son « ami du haut », d'où il avait entendu les déflagrations, en lui demandant si tout allait bien. N'obtenant aucune réponse, et au comble de l'inquiétude, l'homme a enfoncé la porte. Sitôt après avoir pénétré dans l'appartement, il a fait sa macabre découverte. Trois corps sans vie gisaient au sol ; son ami – un écrivain publié sous le nom de Katz – ainsi que deux femmes. Trois corps unis dans ce qui semble être un baiser de la mort. Trois corps tués chacun d'une balle en plein cœur par l'ex-compagne du romancier, selon toute vraisemblance, dans un acte désespéré dont la triste symbolique n'échappera à personne. Des témoignages confirment en effet qu'elle supportait difficilement leur séparation et qu'elle avait déjà tenté de mettre fin à ses jours. Les trois victimes laissent derrière eux deux jeunes enfants, un petit garçon et une petite fille, respectivement âgés de sept et cinq ans.

www.ingramcontent.com/pod-product-compliance
Lightning Source LLC
Chambersburg PA
CBHW050333160726
48002CB00001B/299